"60岁开始读"科普教育丛书

博物馆雅趣
漫步缪斯殿堂

上海市学习型社会建设与终身教育促进委员会办公室 指导
上海科普教育促进中心 组编

庄瑜 主编

复旦大学出版社
上海科学技术出版社
上海教育出版社
上海交通大学出版社

图书在版编目(CIP)数据

博物馆雅趣：漫步缪斯殿堂/上海科普教育促进中心组编；庄瑜主编.—上海：复旦大学出版社：上海科学技术出版社,2022.11
("60岁开始读"科普教育丛书)
本书与"上海教育出版社"、"上海交通大学出版社"合作出版
ISBN 978-7-309-16444-2

Ⅰ.①博… Ⅱ.①上…②庄… Ⅲ.①科学知识-普及读物 Ⅳ.①Z228

中国版本图书馆 CIP 数据核字(2022)第 186972 号

博物馆雅趣：漫步缪斯殿堂
("60岁开始读"科普教育丛书)
上海科普教育促进中心　组编
庄　瑜　主编
责任编辑/梁　玲

复旦大学出版社有限公司出版发行
上海市国权路 579 号　邮编：200433
网址：fupnet@fudanpress.com　http://www.fudanpress.com
门市零售：86-21-65102580　团体订购：86-21-65104505
出版部电话：86-21-65642845
上海盛通时代印刷有限公司

开本 890×1240　1/32　印张 5.75　字数 89 千
2022 年 11 月第 1 版
2022 年 11 月第 1 版第 1 次印刷
印数 1—10 500

ISBN 978-7-309-16444-2/Z·117
定价：20.00 元

如有印装质量问题，请向复旦大学出版社有限公司出版部调换。
版权所有　侵权必究

内容提要

"60 岁开始读"科普教育丛书,由复旦大学出版社、上海科学技术出版社、上海教育出版社、上海交通大学出版社合作出版,是一套专门为老年朋友群体打造的实用生活百科全书。这套丛书提供的科普知识通俗易懂、可操作性强,能够让老年朋友在最短的时间内读懂并付诸应用,能够帮助老年朋友从容跟上时代步伐、分享现代科普成果、了解社会科技生活、促进身心健康、享受生活过程。

本书是这套丛书的《博物馆雅趣:漫步缪斯殿堂》分册,分别从博物馆小常识("缪斯之初入堂")、地方特色博物馆("缪斯之地方堂")、高校博物馆("缪斯之博学堂")、博物馆镇馆之宝("缪斯之珍品堂")、博物馆名人("缪斯之名人堂")、博物馆旅行("缪斯之行走堂")及博物馆周边("缪斯之趣味堂")7 个方面入手,为读者呈现多元视角下的博物馆景象。

编 委 会
"60岁开始读"科普教育丛书

顾　　问	褚君浩　薛永祺　邹世昌 张永莲　杨秉辉　袁　雯
编委会主任	倪闽景
编委会副主任	闫鹏涛　夏　瑛　郁增荣
编委会成员 （按姓氏笔画排序）	祁文华　孙向东　杜　俭 忻　瑜　张　阳　张东平 陈圣日　周　明　周志坚 胡　俊　俞　伟　祝燕国 贾云尉　徐文清　蒋　倩 蒋中华　韩保磊
指　　导	上海市学习型社会建设与终身教育促进委员会办公室
组　　编	上海科普教育促进中心

本书主编　庄　瑜

本书参编　毛倩倩　庄　瑜　陈　雨
（按姓氏笔画排序）张寒欣　林　霖　胡　锐
　　　　　　　　莫小欣　龚陆瑶　龚祺星
　　　　　　　　裴祎颖

总序

党的二十大报告指出：推进教育数字化，建设全民终身学习的学习型社会、学习型大国。为全面贯彻落实党的二十大精神与《全民科学素质行动计划纲要实施方案（2021—2035年）》具体要求，上海市终身教育工作以习近平新时代中国特色社会主义思想为指导、以人民利益为中心、以"构建服务全民终身学习的教育体系"为发展纲要，稳步推进"五位一体"与"四个全面"总体布局。在具体实施过程中，上海市围绕全民教育的公益性、普惠性、便捷性，充分调动社会各类资源参与全民素质教育工作，进一步贯彻习近平总书记提出的"学有所成、学有所为、学有所乐"指导方针，引导民众在知识的海洋里尽情踏浪追梦，切实增强全民的责任感、荣誉感、幸福感与获得感。

随着我国人口老龄化态势的加速，如何进一步提高中老年市民的科学文化素养，尤其是如何通过学习科普知识提升老年朋友的生活质量，把科普教育作为提高城市文明程度、促进人的终身发展的方式，已成为广大老年教育工作者和科普教育工作者共同关注的课题。为此，上海市学习型社会建设与终身教育促进委员会办公室持续组织开展了富有特色的老年科普教育活动，并由此产生了上海科普教育促进中心组织编写的"60岁开始读"科普教育丛书。

"60岁开始读"科普教育丛书，是一套适宜普通市民，尤其是老年朋友阅读的科普书籍，着眼于提高老年朋友的科学素养与健康文明的生活意识和水平。本辑丛书为第九辑，共5册，分别为《身边的微生物》《博物馆雅趣：漫步缪斯殿堂》《生活中的编织新技艺》《养老知识详解》《新时代，新医保》，内容包括与老年朋友日常生活息息相关的科学资讯、健康指导等。

这套丛书通俗易懂、操作性强，能够让广大中老年朋友在最短的时间掌握原理并付诸应用。我们期盼本书不仅能够帮助广大老年读者朋友跟上时代步伐、了解科技生活,更自主、更独立地成为信息时代的"科技达人",也能够帮助老年朋友树立终身学习观,通过学习拓展生命的广度、厚度与深度,为时代发展与社会进步,更为深入开展全民学习、终身学习,促进学习型社会建设贡献自己的一份力量。

前言

"博物馆"(museum)一词来自希腊语"mouseion",原义是指供奉主管艺术与科学的9位缪斯女神的神庙。一座博物馆就是一部物化的自然历史和人类社会发展史的缩影,人类通过博物馆保存和传承文化,以此留驻历史并增强记忆。中国最早的博物馆——由法国人创立的徐家汇博物院诞生于上海,让我们从上海出发,放眼世界,漫步缪斯殿堂,一起阅读博物馆。

本书分为7个专题,分别从博物馆小常识("缪斯之初入堂")、地方特色博物馆("缪斯之地方堂")、高校博物馆("缪斯之博学堂")、博物馆镇馆之宝("缪斯之珍品堂")、博物馆名人("缪斯之名人堂")、博物馆旅行("缪斯之行走堂")及博物馆周边("缪斯之趣味堂")入手,为读者呈现多元视角下的博物馆景象。在博物馆的选择上,兼顾藏品的类别、地域的分布及文化的特质。博物馆旅行及博物馆周边是本书的两处亮点:一方面,为读者提供围绕特定主题设计的博物馆参观行走路线,赋予博物馆之间更多的连接;另一方面,促使读者通过不同载体与博物馆对话,拓展博物馆的物理空间。静谧、优雅的博物馆不只是各类藏品的安放处,更是老年朋友参加社会交流、体验生活、终身学习的文化场所。

庄瑜

2022 年 7 月

目录

缪斯之初入堂

1. 博物馆的诞生 /2
2. 国际博物馆日 /6
3. 世界四大博物馆 /9

缪斯之地方堂

4. 安阳殷墟 /14
5. 杭州中国茶叶博物馆 /17
6. 青岛啤酒博物馆 /21
7. 香港电影资料馆 /25
8. 巴斯邮政博物馆 /29
9. 江户东京博物馆 /33
10. 尤卡坦半岛奇琴伊察古城遗址 /37

缪斯之博学堂

11. 北京中医药大学中医药博物馆 / 42
12. 上海体育学院中国武术博物馆 / 46
13. 柏林洪堡大学自然博物馆 / 50
14. 英属哥伦比亚大学人类学博物馆 / 54

缪斯之珍品堂

15. 中国国家博物馆之四羊方尊 / 60
16. 辽宁省博物馆之《古诗四帖》 / 63
17. 苏州博物馆之秘色瓷莲花碗 / 66
18. 台北故宫博物院之《富春山居图》 / 70
19. 浙江省博物馆之良渚文化玉琮 / 74
20. 自贡恐龙博物馆之和平永川龙头骨 / 78
21. 埃及国家文明博物馆之拉美西斯二世木乃伊 / 81
22. 埃塞俄比亚国家博物馆之"露西老祖母" / 85
23. 德累斯顿绿穹珍宝馆之《莫卧儿帝国的朝臣》 / 89
24. 俄罗斯国家博物馆之《伏尔加河上的纤夫》 / 93
25. 雅典国立考古博物馆之阿伽门农面具 / 97

目 录

 缪斯之名人堂

26. 张謇与南通博物苑 /102
27. 贝聿铭与博物馆建筑 /107
28. 洛克菲勒家族与纽约现代艺术博物馆 /112
29. 美第奇家族与乌菲兹美术馆 /116
30. 柯南·道尔与福尔摩斯博物馆 /122
31. 赖特与古根海姆博物馆 /126

 缪斯之行走堂

32. 上海苏州河沿岸民族工业文明之旅 /132
33. 澳门行业博物馆之旅 /135
34. 法国印象画派艺术之旅 /138
35. 英国工业革命之旅 /144

缪斯之趣味堂

36. 博物馆电影 /150
37. 博物馆小说 /154
38. 博物馆文创 /157
39. 博物馆餐厅 /162
40. 博物馆社交媒体 /165

博物馆雅趣　漫步缪斯殿堂

"60岁开始读"科普教育丛书

缪斯之初入堂

博物馆的诞生

博物馆记录着人类文明的历史,蕴含着无数珍宝,反映人类文化的记忆。越来越多的人走进博物馆。那么,博物馆是怎么诞生的?博物馆的前世今生又是什么样的?

一、博物馆的前世

"博物馆"的英文"museum"词根"muse"从希腊语演变而来,指的是古希腊神话中掌管艺术与科学的缪斯女神。

公元前 3 或 4 世纪,托勒密一世(或二世)在亚历山大里亚城的宫殿里建立了科学和艺术的中心,其中的"缪斯庙"就存放着马其顿的亚历山大大帝出征时所获得的奇珍异品。当时学者能够在缪斯庙中畅所欲言、互相交流,缪斯庙也成为学者学习和研究的场所。

一直到中世纪,皇室、贵族收藏珍品的文化得到进一步的发展,法国、意大利、俄国等许多国家专门设立了陈列珍奇艺术品、历史文物等的珍品藏室，不少国家的大教堂、修道院等也有专门用于收藏的藏品室。

上述这些具有收藏功能的场所便是博物馆的前世。在当时的社会背景下，它们除了成为收藏珍品的收藏室，也是一个充满宗教意味的场所，尚未具有现代博物馆的职能。

二、现代博物馆的萌芽

现代博物馆于14—15世纪萌芽，文艺复兴运动等思想解放运动使得当时的欧洲从封建社会逐渐向资本主义社会过渡。在这个时期，意大利美第奇家族在现代博物馆萌芽中发挥着重要的作用。

在文艺复兴的影响下，美第奇家族利用丰厚的财力大量收购艺术珍品、文化古籍等。为了收藏这些奇珍异宝，他们命当时著名的建筑师瓦萨里设计并修建了乌菲兹宫。乌菲兹宫中藏有大量达芬奇、拉斐尔、米开朗基罗等著名艺术家的作品，因此乌菲兹宫又称"乌菲兹画廊"。

美第奇家族的乌菲兹画廊令博物馆逐渐脱离了宗教，转变为以收藏为核心的场所，同时代表着现代博物馆的萌芽。

三、世界第一座现代意义的博物馆

随着欧洲社会逐渐成为资本主义社会，人们的思想受到"民主"、"平等"等观念影响，越来越多的学者呼吁私人的收藏品应该向公众开放，让更多的人都能感受、学习艺术，实现人人平等。

在各种思潮的影响下，英国建立大不列颠博物馆，法国向公众开放卢浮宫的藏品，欧洲各国纷纷建立国家博物馆，私有博物馆也相继实现对外开放。许多皇室贵族开始向艺术学院捐赠收藏品，博物馆开始了社会化的进程。但这个时候博物馆还是有限度地对外开放，会对观众进行选择，能够进入博物馆的一般是上层人士，博物馆还没有下沉到社会中。

一直到英国贵族阿什莫林出现，他将自己收藏的历史文物、艺术珍品、自然标本等捐献给牛津大学，并要求大学专门建立一所博物馆存放及展示这些藏品。于是，世界上第一座具有现代意义的博物馆——牛津大学阿什莫林博物馆应运而生，它也成为世界上第一座公共博物馆（见彩图1）。由于其藏品种类、数量之多，成为了当时世界上规模最大、藏品最丰富的大学博物馆。

四、博物馆在中国

在新文化运动背景下，许多中国知识分子受到西方先进思想洗礼，提倡引进西式的现代博物馆。

中国最早的博物馆由西方传教士建立。例如，19世纪，法国神父韩伯禄在上海建立徐家汇博物院，英国亚洲文会在上海设立上海博物院，郝立德在天津设立华北博物院。

一直到1905年，实业家、教育家张謇在江苏建立南通博物苑，它是中国第一座由中国人建立的公共博物馆。南通博物苑对公众开放，馆内展示了从世界各地收集的物品，张謇以此希望能够拓宽公众的知识面，从而造福人民。南通博物苑的建立，在中国博物馆发展史上是里程碑式的，它的建立也促进了中国其他地方博物馆的建设。

博物馆从诞生到发展至今，经历了漫长的历史演进。

从20世纪中后期到21世纪，博物馆无论在西方还是在中国都在蓬勃发展并逐步现代化。例如，法国的卢浮宫于20世纪80年代实施重建，美国的大都会博物馆于 2006 年建立新的馆址，中国的故宫博物院也在新中国成立后重新修缮。

随着国际博物馆协会的成立，博物馆开始有组织、专业化地发展，进入了新的发展阶段。2022 年，国际博物馆协会对博物馆作出新的定义：为社会服务的非营利性常设机构，它研究、收藏、保护、阐释和展示物质与非物质遗产。博物馆向公众开放，具有可及性和包容性，促进多样性和可持续性。博物馆以符合道德且专业的方式进行运营和交流，并在社区的参与下，为教育、欣赏、研究和知识共享提供多种体验。

（本篇编写：莫小欣）

国际博物馆日

几个世纪以来，博物馆逐渐由私人观赏转向对公众开放，人们对博物馆的认识更加深刻。为了促进全球博物馆事业的健康发展，提高公众对博物馆事业的了解与关注，国际博物馆协会于1977年确定当年的5月18日为第一个国际博物馆日，并向全世界宣告将为每年的国际博物馆日确定活动主题。

以往5年国际博物馆日主题回顾

（1）2018年，"超级连接的博物馆：新方法、新公众"；

（2）2019年，"作为文化中枢的博物馆：传统的未来"；

（3）2020年，"致力于平等的博物馆：多元和包容"；

（4）2021年，"博物馆的未来：恢复与重塑"；

（5）2022年，"博物馆的力量"。

从历年国际博物馆日主题可以看出，博物馆一直发挥着参与更多社会建设、承担更多社会责任的作用，为解决当下社会症结提供路径，小到增强社区公众的沟通，大到促进世界文化的交流。

每当国际博物馆日来临之际，世界各地的博物馆纷纷策划各类活动。例如，澳大利亚博物馆全国会议专题探讨博物馆在应对气候变化、新媒体和社会责任等重大问题方面的作用；俄罗斯艾尔米塔什博物馆为纪念国际博物馆日，在当天向公众免费开放并举办特展。新冠肺炎疫情爆发期间，国际博物馆日更多是以数字活动的形式呈现。例如，美国旧金山探索博物馆提供在线的学习工具包，帮助孩子们了解病毒背后的科学知识以及如何保护自己免受感染；美国史密森尼学会（博物馆）将其藏品中的280万张高分辨率图像发布到一个开放获取的在线平台。我们把目光转向国内，中国博物馆学会于1983年正式加入国际博物馆协会，之后在每年5月18日都会举办丰富多彩的主题活动。一方面，线下活动精彩纷呈，浙江、福建、甘肃等地多家博物馆举办"博物馆奇妙夜"活动、特展、论坛等，搭建博物馆与公众交流的平台；另一方面，通过数字展厅、媒体平台推出"云展览"和"云课堂"，如中国农业博物馆推出"漫步农博"系列短视频、山西考古博物馆举办"考古云讲堂"等。

国际博物馆日逐渐突破时间与空间的限制，产生了更加深远绵长的影响。

（本篇编写：林霖）

世界四大博物馆

放眼世界，有4座顶级博物馆：法国的卢浮宫、英国的大英博物馆、俄罗斯的艾尔米塔什博物馆和美国的大都会艺术博物馆，馆中藏品极其罕见珍贵，是全世界公认的世界级文物藏品，也为全人类共同的财富。因此它们并称世界四大博物馆。

卢浮宫，位于法国巴黎市中心的塞纳河北岸，居世界四大博物馆之首（见彩图2）。这座举世闻名的艺术宫殿始建于1204年，最初用来防御外敌。后来经过一系列的扩建和修缮，逐渐成为金碧辉煌的王宫，是法国文艺复兴时期最重要的建筑物之一。法国大革命时期，法国国民公会颁布法令，决定将它改造为公共博物馆，并于1793年正式开放。卢浮宫共收藏40

多万件来自世界各国的艺术珍宝，其中又以丰富的古典绘画和雕刻而闻名于世。镇馆之宝有《米洛斯的维纳斯》《蒙娜丽莎》《萨莫特拉斯的胜利女神》等。

大英博物馆，又名不列颠博物馆，位于英国伦敦新牛津大街北面的罗素广场，是世界上第一座国家公共博物馆。这座博物馆建立于1753年，最初的馆藏来自汉斯·斯隆爵士，他去世时捐赠了71 000多件藏品给当时的国王，英国议会在此基础上建立了博物馆。发展至今，馆藏已达800多万件。收藏品包罗万象，不仅有珍贵文物和珍品，还有很多伟大科学家的手稿，其中不少是仅存的珍本。镇馆之宝有罗塞塔石碑、帕特农神庙浮雕、阿拉伯铜手等。

艾尔米塔什博物馆，位于俄罗斯圣彼得堡涅瓦河畔。它的名字源于法语"幽居之宫"，是18世纪中叶巴洛克建筑风格的杰出典范。这座博物馆最初是叶卡捷琳娜二世女皇的私人宫邸，随着收藏品不断丰富，1985年开始成为公众博物馆。博物馆里珍藏的历史文物与艺术品异常丰富，高达270多万件，华丽精巧的展厅令人流连忘返，行走其中会产生时空穿梭的奇妙感觉。这座大型艺术与文化宫殿还因其30公里长的展览路线被称为"世界最长艺廊"。镇馆之宝有《伏尔泰坐像》、孔雀钟、《圣母与圣婴》等。

大都会艺术博物馆,位于美国纽约第五大道,第五大道也因此被称作"博物馆大道"(见彩图3)。这座建于1870年的博物馆虽然占地面积不大,但展出面积庞大。馆内有17个策展部门负责研究、展览和照料馆中藏品,常年展出的几万件展品仅仅是其总库存的冰山一角——大都会艺术博物馆的藏品超过156万件,涵盖古代近东艺术、埃及艺术、亚洲艺术等。背靠景色迷人的中央公园,大都会艺术博物馆充满世界文化与艺术氛围。镇馆之宝有丹铎神庙、欧弗洛尼奥斯陶瓶、《舞蹈教室》等。

(本篇编写:林霖)

博物馆雅趣　漫步缪斯殿堂

"60岁开始读"科普教育丛书

缪斯之地方堂

安阳殷墟

一、历史背景——与城市的故事

安阳，古称殷，位于河南省最北部，是早期华夏文明的中心之一，商朝晚期都城遗址"殷墟"便位于此。"殷"原称"北蒙"，商朝君主盘庚继位后，为减小自然灾害影响、解决王族内部斗争问题、避开外部叛乱势力，迁都北蒙，并改其名为"殷"，在此营建殷都，史称"盘庚迁殷"。自此商朝的都城就一直固定在殷城，政治稳定，社会、经济、文化不断发展繁荣，使商朝出现了复兴的局面。到了殷代中后期，这里已经发展成为当时非常繁荣的都城之一。

20世纪初，考古学家开始对殷墟进行挖掘，出土了大量的甲骨文、青铜器、陶器、骨器等文物，找到了商王朝的都城建筑遗址。安阳殷墟先后被列入首批全国重点文物保护单位和世界文化遗产名录，并向世界人民开放。

二、展馆布局——你能看到什么

殷墟总体布局严整，以小屯村殷墟宫殿宗庙遗址为中心，沿洹河两岸呈环型分布，最为有名的3个景点分别是殷墟宫殿宗庙遗址、殷墟王陵遗址和洹北商城遗址。

1. 殷墟宫殿宗庙遗址

殷墟宫殿宗庙遗址是殷墟宫殿区。走进遗址，右边的殷墟博物馆展陈了大量出土的甲骨、青铜器、玉器、宝石器等珍贵文物。左边是丙组基址，共17座，被认为是商王室的祭坛建筑。再向前分别可以看到21座乙组基址，是殷王室的宗庙建筑，以及15座甲组基址，是商王室的宫室、寝居。

2. 殷墟王陵遗址

殷墟王陵遗址位于洹河北岸，与殷墟宫殿宗庙遗址隔河相望。殷墟王陵遗址是殷商王朝的陵地与祭祀场所，在这里可以看到我国已知最完整的王陵墓葬群，举世闻名的后母戊鼎就出土于此。

3. 洹北商城遗址

洹北商城遗址位于殷墟王陵遗址的东北部，总体呈方形。宫殿区内发现的大型夯土基址有30余处，其中最为著名的即为一号宫殿居址，这是迄今为止发现的面积最大的商代单体建筑基址。

三、馆藏好物——不容错过的打卡点

1."2172号"牛肩胛骨

殷墟因发掘甲骨文而闻名，1973年发现的编号为"2172号"的牛肩胛骨极具代表性。它是一片残断甲骨，大小约为一片完整牛肩胛骨的1/3。

2. 牛尊

殷墟出土了大量的青铜器，2001年出土的牛尊是截至目前殷墟发现的唯一一件牛形青铜器。这件牛尊的形态体格粗壮，四足较短，符合水牛的特征。在殷人的观念中，水牛与黄牛不同，水牛未被驯化，是具有灵性的动物。这件牛尊是祭祀用的盛酒器，可以充当人与神沟通的媒介。

四、文化价值——展馆背后的财富

1. 历史价值

安阳殷墟遗址具有重要的历史价值。在20世纪初，商王朝的历史一直没有足够的文物支持，仅停留于传统文献记载。直到1899年金石学家王懿荣偶然发现甲骨文，1928年正式开始殷墟发掘的考古工作，才证实了中国古代商王朝的存在。发掘出的殷墟遗址与文物,提供了商代文化传统的证据,使殷商社会的历史成为信史。

2. 遗址保护

殷墟都城的建设以紧邻洹河的宫殿区为中心,宫殿区作为政治中心体现了商王的统治地位。围绕宫殿区遍布许多以独立单元分布的,集居住、手工业、墓葬等综合功能为一体的区域,留有原始聚落的特征,这与商王朝初期为巩固政权、打破原有聚落形态而形成的严格按功能分区的块状布局有显著不同。

（本篇编写：裴祎颖）

杭州中国茶叶博物馆

一、历史背景——与城市的故事

杭州地处中国长江三角洲南部,气候类型属于亚热带季风气候,河流湖泊密布,雨量丰富,江南水乡的地理气候为茶树生长提供了有利的自然条件，孕育了独具特色的茶文化。中国饮茶的历史悠久，茶叶的品类繁多，名茶西湖龙井便产于杭州市西湖龙井村周围群山，并因此得名。

中国茶叶博物馆位于杭州，是我国唯一以茶和茶文化为主题的国家级专题博物馆，向公众展示茶文化的发展，以及茶给世界人民生活带来的重要影响。

二、展馆布局——你能看到什么

中国茶叶博物馆分为两个馆区：双峰馆区位于龙井路88号，以茶文化为主线，讲述了茶叶走进市民生活的发展历史；龙井馆区位于翁家山268号，包括世界茶、中国茶叶品牌、西湖龙井茶三大主题展览。

1. 双峰馆区

双峰馆区共有六大展厅，分别是茶史厅、茶萃厅、茶事厅、茶具厅、茶俗厅和紫砂厅。步入茶史厅，可以看到从茶的发现到魏晋时期，直到近代饮茶文化的发展，以及与茶文化相关的器物、诗词歌赋与茶学专著；在茶萃厅展有100多种茶叶，包括六大茶类及再加工茶类；茶事厅展示了有关茶树的种植、采制、保存、品鉴、应用等茶叶科学知识，以及因茶而创作的各类茶事艺文；在茶具厅，展示了从魏晋时期到近代各种与茶有关的器具以供欣赏；在茶俗厅可以看到不同地域与茶相关的风俗；紫砂厅展示了中国紫砂发展各阶段的紫砂茶具。

2. 龙井馆区

龙井馆区依山而建，具有山地园林景观的特色。在草木山道之间拾级而上，便可进入世界茶展厅，这里展示了茶叶如何从中国走向世界，并通过各种与茶相关的器物以及饮茶布景展现各国与茶有关的生活道具与生活方式；中国茶叶品牌馆展示了中国历朝历代最著名的茶叶产地和品牌，以及茶叶品牌发展的历史；西湖龙井茶专题展则是西湖龙井茶的历史、制作技艺和品饮方式的展示。

三、馆藏好物——不容错过的打卡点

双峰馆区

1. 中国丝茶银行纸币

中国丝茶银行由天津巨绅张子青筹设，是一家以发展茶叶、丝绸生产为宗旨的专业性商业银行，其货币流通于华北地区。纸币正面图案为采茶图，背面为缫丝图，并印有批准成立日期"1924年8月15日"。

2. 清乾隆青花釉里红山水人物纹茶叶瓶

肩部青花釉里红饰折枝花。瓶体中有两面绘山水人物纹，山间有一茅舍，两高士策杖相遇，正在询师问道，远处有两叶扁舟泛于湖上；另两面绘山石花卉纹。

龙井馆区
3. 哥德堡沉船茶

"哥德堡号"航船是瑞典东印度公司的重要商船，主要从事茶叶、丝绸、瓷器、香料贸易。在从中国广东到瑞典哥德堡的第三次航程中，"哥德堡号"在驶进哥德堡港口时沉没，船上载有379吨茶叶，馆中所藏就是打捞出的一部分茶叶。

四、文化价值——展馆背后的财富

1. 景观艺术

中国茶叶博物馆龙井馆区于2015年建成开放。馆区为江南丘陵地貌，保留大片茶园。在建筑上汲取了龙井山地民居的造型，白墙黑瓦的江南茶农民居小楼坐落于茶园中。沿着步道参观，仿佛置身于山林茶园之中，建筑风格与地域特色相互交融，借助自然景观，达成人与自然的和谐。

2. 茶文化传承

茶文化是中国传统文化的重要组成部分，涉及政治、经济、文化、艺术等多个方面，与中国的历史发展和百姓的文化生活息息相关。中国茶叶博物馆不仅藏有茶叶、茶器具、茶书画、茶邮票、茶叶广告单等与茶文化相关的物质文化遗存，并展有茶俗、茶诗、茶歌、茶物等与茶相关的非物质文化遗存。

（本篇编写：裴祎颖）

青岛啤酒博物馆

一、历史背景——与城市的故事

青岛啤酒博物馆是我国首家啤酒文化博物馆，地处青岛市市北区登州路56号，隶属青岛啤酒股份有限公司。其前身为1903年德国人建立的日尔曼尼亚啤酒公司青岛股份公司。

2001年，为筹备青岛啤酒百年庆典，青岛啤酒博物馆的设计构想应运而生。2003年8月15日，青岛啤酒博物馆正式对社会开放。青岛啤酒悠久的历史、甘冽的口感，一直以来都是青岛这座城市的标志性符号。漫步博物馆中，参观者可以通过详尽的图文资料了解啤酒的起源、青岛啤酒的悠久历史、青岛啤酒不胜枚举的荣誉、青岛国际啤酒节，以及国内外知名人士参观访问的情况。

二、展馆布局——你能看到什么

1. 百年历史文化区

踏入博物馆，浓厚的历史气息便通过历史照片与建筑风格扑面而来。实物展品结合数字媒体，以时间为叙事脉络，描绘了青岛啤酒发展的百年历程。

2. 生产工艺流程区

青岛啤酒博物馆通过构建1∶1的实物模型，完整重现了在老车间中生产啤酒的全部流程，展现了现代生产车间的自动化，充满了科技感。

3. 体验区

结束游览后，每位参观者都会获赠一杯原浆啤酒、一杯纯生啤酒、一包啤酒花生豆，在体验区感受啤酒文化与商业价值的交融。

三、馆藏好物——不容错过的打卡点

1. 1896 年造西门子电机

1896 年造西门子电机是博物馆的镇馆之宝。时光流逝百年，但将电机接通电源，其依旧可以正常运转，是西门子在世界范围内现存最古老的电机。西门子公司曾于 1997 年想高价将其收回，被博物馆婉言谢绝，它已经成为青啤博物馆的形象代表和百年历史见证。

2. 紫铜酿酒锅

庞大精美的紫铜酿酒锅手工制作、造型典雅、工艺精良，拥有珍贵的手工魅力和宝贵的纪念价值，其见证了糖化锅、糊化锅、煮沸锅、过滤槽在 1903—1995 年的功用。

3. 文创产品

青岛啤酒博物馆的文创区可谓琳琅满目，不仅别具特色，更是包揽了"吃喝玩乐"的方方面面。香酥可口的啤酒豆、网络爆火的酒框巧克力、酒花形状的啤酒冰激凌、独具特色的摆件挂饰……这些文创产品从公众的生活出发，让青岛啤酒博物馆的历史与文化走向千家万户，也让青岛啤酒成为历经百年变迁依然被消费者认可的品牌。

四、文化价值——展馆背后的财富

1. 建筑风格

自德国啤酒厂创建伊始一直保留至今的办公楼、宿舍楼和糖化大楼，共同构成青岛啤酒博物馆的主体馆舍。建筑由德国汉堡阿尔托纳区施密特公司施工兴建。办公楼为3层砖木结构建筑，东北与西北两角各向北引出一双层翼楼；宿舍楼为两层砖木结构建筑，轮廓简洁却富有纪念性；糖化大楼为3层砖木钢混合结构建筑，其主体空间布局生产流程。3座建筑形制的共同特点是红色坡顶、红色清水砖墙面、白色木质门窗，以及白色装饰线、硬山墙、门窗顶部发券。建筑体现了20世纪初欧洲的建筑成就和审美趣味。

2. 城市记忆

1897年，青岛这座城市在外力的推动下开始了现代化、工业化和城市化的复合进程。5年后，作为一种外来的现代化工业因素，德国啤酒厂肇创。啤酒所带来的生活方式的变化几乎与青岛的城市发展同步。啤酒是青岛城市记忆的载体，保护青岛啤酒工业遗产亦是珍贵城市记忆的延续。

3. 奋进精神

青岛啤酒博物馆作为企业博物馆，彰显了青岛啤酒一以贯之的奋进历程。

自1906年获得德国慕尼黑博览会金牌奖后，青岛啤酒凭借其卓越品质屡次夺得世界大奖并长期远销世界各地。青岛啤酒的兴起带动了中国啤酒文化向世界进军，也彰显了中华民族勇于承担、自立自强的优秀品质。

（本篇编写：陈雨）

香港电影资料馆

一、历史背景——与城市的故事

电影早在1896年便传入香港。法国电影先驱卢米埃尔兄弟派其助手将电影带去世界各地，香港是他们在远东地区的第一站。自20世纪早期初创，到第二次世界大战后蓬勃发展，七八十年代繁荣昌盛，再到如今，香港电影是电影发展史中不可或缺的一部分。

香港电影资料馆筹划办事处坐落于香港西湾河旁，1993年成立，2001年正式落成启用。香港电影资料馆致力于搜集电影资料与文物，其藏品主要来自业界及公众的捐赠，经归档编目后供大众使用，并定期举办电影专题回顾、展览和座谈会等活动，以提高公众对香港电影及历史文化的兴趣和认识。

二、展馆布局——你能看到什么

香港电影资料馆主要设有电影院、展览厅和资源中心。电影院共125个座位和4个轮椅位置，设有35毫米菲林（胶卷）放映机，不仅可以播放电影，也常举办与电影有关的研讨会、讲座等活动，可供租用。展览厅位于地下，用于举行与电影有关的展览、典礼等活动，定期举办主题各异的临时展览。资源中心位于3楼，藏有各类视听资料及电影书刊，不设外借服务，公众可以在资源中心翻阅电影资料、阅览电影书刊、欣赏视听资料。

三、馆藏好物——不容错过的打卡点

1. 35毫米菲林放映机

香港电影资料馆展有一部由皇后戏院赠予的美国

制35毫米菲林放映机。皇后戏院原名为"香港映画戏院",1911年建成,几经改名重建,2007年停业,近百年的历史见证了香港电影的变迁。这部碳弧灯放映机保存良好、配件齐全,自20世纪60年代起,一直放映电影直至皇后戏院停业。

2. 关德兴穿过的戏服

关德兴生于广州,是香港著名的爱国影视演员。他13岁便前往新加坡打工,并学习戏剧表演。在抗日战争期间,他在香港积极参与抗日活动。1945年抗战胜利后,他重操旧业,自1946年起,用3年时间创作《黄飞鸿传》,完成《黄飞鸿》电影系列,并在电影中担任主演。香港电影资料馆藏有一套关德兴穿过的戏服,这套戏服具有珍贵的历史价值。

四、文化价值——展馆背后的财富

1. 艺术资料

电影档案是珍贵的艺术史料与文化资源,包含电影从创作到放映过程中形成的各类具有保存价值的资料与文物,可以为电影艺术的创作生产与研究等提供重要的依据和参考。香港电影资料馆致力于搜集、保存和修复香港电影及相关资料,保存了大量的影片和电影文物，为香港电影研究储备了珍贵的资料，也为公众了解香港电影历史提供了丰富的资源宝库。

2. 电影文化

电影作为一种艺术媒介，既能够提供信息与娱乐，也反映城市瞬息万变的历史和文化样貌。香港电影历经100多年的发展，已然成为香港的一种文化符号，记录着香港的社会变迁与香港人民的文化生活。香港电影资料馆不仅记录、保存了电影的发展史，还以推广电影文化为己任，举办各类与电影相关的专题展览、电影放映、座谈导赏等活动，促进电影文化的传播。

小 贴 士

（1）中国电影博物馆：http://www.cnfm.org.cn/；

（2）上海电影博物馆：http://www.shfilmmuseum.com/。

（本篇编写：裴祎颖）

巴斯邮政博物馆

一、历史背景——与城市的故事

巴斯邮政博物馆成立于 1979 年，位于英国巴斯市北门大街 27 号，是英国唯一已登记的邮政博物馆。博物馆内收藏代表邮政发展的各式物品，向观众介绍人类数千年来的信息联系的历史、英国邮政史、与邮政相关的重要人物，以及巴斯在邮政史上的重要贡献。2017 年，巴斯邮政博物馆被英国遗产局列为二级保护建筑。

巴斯作为英国列入世界文化遗产的城市，一共有 15 座历史悠久的博物馆，每栋建筑均展现了城市浓郁的历史文化，是当之无愧的博物馆城。漫步巴斯城内，可以在街头看到诸多外形各异而醒目的红色邮筒。对集邮爱好者来说，到访巴斯后将准备好的明信片通过不同邮筒投递、收集当地邮戳，也是一番美事。

二、展馆布局——你能看到什么

1. 复原版维多利亚时期邮局

巴斯邮政博物馆通过整合早期信件、装饰品、钟表、桌椅、拨轮电话机、打孔分割器、邮戳,以 1∶1 比例还原维多利亚时期邮局办公室的一角,通过古朴的木质风格与沉浸的历史体验将参观者带入 200 年前人们的生活。

2. 古董陈列柜

在巴斯邮政博物馆中,可以看到玻璃展柜中悉心保存着自 1697 年至今的各类信件、明信片、邮票、邮筒、邮差工作服实物原件,其中包含拉尔夫·艾伦、约翰·帕尔默等人策划邮政改革前后的信件与合同,以及从"一战"和"二战"的沉船与被毁飞机中抢救出来的信件等。

3. 图书馆

巴斯邮政博物馆配套的图书馆及画廊以每半天 25 英镑的价格有偿向社区教育组织、学校教育团队开放,学者可以在此查阅博物馆的档案及收藏品,进行更为深入的研究。

三、馆藏好物——不容错过的打卡点

1. 英国维多利亚女王头像"黑便士"邮票

巴斯邮政博物馆的亮点之一是 1840 年 5 月 2 日寄出的世界上第一枚邮票"Penny Black",即"黑便士"邮票。这枚邮票作为当今邮政体系的先驱,标志着混乱邮递服务市场的终结与现代邮政系统的开始构建,在邮政发展历史中具有里程碑意义。

2. 1712 年前的信件

在邮票出现前,早期邮政信件采用手写标注寄件日期的形式,这一形式由查理二世时期的邮政局长亨利·毕绍普发明,也被称为"毕绍普戳"。馆内藏品记录了"毕绍普戳"的演化过程,也展示了巴斯在邮政体系中最早的代号。

3. "巴斯邮政三杰"的 3 次改革

巴斯邮政博物馆导览册详细介绍了 3 位传奇人物对邮政事业的杰出贡献。1712 年,时任巴斯邮政局局长的劳夫·艾伦建立了联通巴斯与伦敦的邮政系统,激活了巴斯周边的邮政市场;1784 年,巴斯商人约翰·帕尔默策划推行了邮政马车改革,提高了邮件传输效率;1840 年,时任巴斯邮政局局长的汤姆斯·摩尔·马思葛雷夫为世界上第一枚邮票"黑便士"盖上邮戳，邮政新时代就此开启。

四、文化价值——展馆背后的财富

1. 邮政文化

英国是世界上最早建立现代邮政制度的国家，巴斯见证了邮政行业发展中的诸多重要改革。1784年约翰·帕尔默提出实施邮政马车改革的倡议。与骑马送信的传统模式相比，速度更快，成本更低，提高了邮件传递的速度和安全性。1840年，罗兰·希尔爵士开启了"统一便士改革"，以"1便士"为统一邮资标准，采用邮票形式提前支付。这一改革使得邮费收取不再以距离长短为依据，正式开启了英国邮政的现代化进程。

2. 城市气质

巴斯位于英格兰西南部爱文河谷，距伦敦约1.5小时火车车程，城区面积仅29平方公里。在这座小城，博物馆数量却高达15座，巴斯的博物馆文化早已成为当地人生活的一部分。政府除提供博物馆参观活动外，还举办"博物馆月"、"国家遗产日"、"遗产开放日"、"博物馆之夜"等活动。

巴斯邮政博物馆的繁荣延续，与巴斯作为世界文化遗产之城的城市气质息息相关。文化瑰宝与旅游业发展紧密相连，为居民就业与古城发展提供了源源不断的动力，形成了保护文化、建设文化、传播文化之间的良性循环。

（本篇编写：陈雨）

江户东京博物馆

一、历史背景——与城市的故事

江户时期是日本历史上最后一个武家统治的幕府时代，1603—1868年间造就了独特的江户文化。明治维新后，江户幕府倒台，江户改称为"东京"，日本从德川幕府统治下的闭关锁国逐渐走向开放，不断改革发展。

江户东京博物馆位于日本东京都墨田区，于1993年3月正式开馆。博物馆建筑以高床式仓库为意象，致力于收集、保存各类实物资料,包括浮世绘、绘卷、和服等。通过文物与复原模型,博物馆充分展示江户东京的历史发展和各个时期的社会生活风貌。

二、展馆布局——你能看到什么

江户东京博物馆常设江户区和东京区两大展区,分别展示江户和东京的历史与文化。

1. 江户区

在江户区参观者可以了解江户的城市格局与街区划分,以及江户与关东地区是如何相连的。江户区还展示了江户的社会生活、商业经济与文化艺术,包括印刷出版、物资运输与交易、百姓生活、服装饰品、绘画歌舞艺术等。最后一个展区则将江户区和东京区衔接起来,展示了江户转变为首都东京所历经的时代变迁。

2. 东京区

进入明治时期,首都东京开始逐步走向现代化,东京区展示了在文明开化下普通百姓的日常生活,以及东京社会经济的快速发展。展区不仅展现了从明治时期到当代的东京市民日常文化与娱乐生活,也介绍了东京的产业革命与经济发展历程,记录了灾害与战争给东京带来的影响,以及东京的复苏与快速发展。

三、馆藏好物——不容错过的打卡点

1. 日本桥

进入江户区,首先映入眼帘的便是一座仿制的日本桥。日本桥最早出现在江户幕府时期,从江户时期开始就是连接东海道的起点,与富士山一同常出现在浮世绘中,是江户时期重要的标志性建筑。馆内看到的日本桥复原了 19 世纪上半叶日本桥的北侧半段,长约 51 米,宽约 8 米,模型在复原时参考了改建记录和绘图等资料,使用桧木制作而成。

2. 朝野新闻社

《朝野新闻》是日本明治时期著名的自由民权派报刊之一,其前身是《公文通誌》,1874 年正式改名为《朝野新闻》,并由成岛柳北担任社长,因常发布讽刺当时时事与批判明治政府的文章而广受欢迎。朝野新闻社模型位于东京区"东京的文明开化"展区,以 1∶1 的比例还原了当时的朝野新闻总社,展现了东京开化后新闻界的蓬勃发展。

四、文化价值——展馆背后的财富

1. 城市文化

江户城和东京居民的日常生活造就了独特的城市

文化。江户时期，从乡村前往城市的町人们追求城市生活，创造了兴盛的城市市井文化，在江户城产生的浮世绘、江户歌舞伎、被称为"草双纸"的大众小说等，都是江户文化的代表。明治时期至今，在东京蓬勃发展的大众生活文化、商业娱乐文化、传统仪式节日文化等，都是对江户文化的继承与发展。江户东京博物馆展现了人们在江户和东京时期的社会生活，记录并传播了丰富的城市文化。

2. 历史记忆

江户东京博物馆收集、保存并展示了江户和东京的相关历史资料。馆内展示了大量实景复原模型以及实物资料，如江户时期普通居民的集合住宅"栋割长屋"、歌舞伎町等娱乐场所、出版社与银行等商业机构，还原了江户时期和东京时期的社会样貌，让参观者仿佛行走在江户、东京的历史画卷中，亲身感受独特的历史记忆。

（本篇编写：裴祎颖）

尤卡坦半岛奇琴伊察古城遗址

一、历史背景——与城市的故事

奇琴伊察古城遗址，位于墨西哥东南部的尤卡坦州，是玛雅文明两个时代相交的圣地（见彩图4）。1988年，联合国教科文组织将奇琴伊察古城遗址作为文化遗产列入《世界遗产名录》。

"奇琴伊察"在玛雅人的语言中意为"泉水旁边的伊察人"。这座城市以尤卡坦半岛最大的洞状陷穴（圣泉）为中心，始建于公元5世纪，在公元11世纪至13世纪发展达到顶峰。

奇琴伊察作为玛雅古国最大的城市之一，有200年以上的时间一直是尤卡坦的艺术、宗教和经济中心。城内居民人口多元化，这也促成了遗址中各种建筑风格的混搭与融合。这里至今依然保留着彰显当时繁华景象的雄伟遗址，吸引着世界各地的游客走过穿越千年的浪漫之旅。

二、展馆布局——你能看到什么

（1）库库尔坎金字塔——凝聚玛雅人智慧结晶的祭神大殿；

（2）武士神庙——石柱林立的托尔特克风格建筑；

（3）骷髅架——头盖骨台座；

（4）美洲虎神庙——神化猛兽以敬畏强者与自然；

（5）大球场——常为宗教仪式举行竞技赛事的墨西哥最大的球场遗址；

（6）圣泉——用于献祭活贡品的神话圣域；

（7）椭圆形天文台——古代玛雅人的天文观测台；

（8）修女院——承载旧奇琴伊察文明的普克风格建筑；

（9）大祭司陵墓——得以修复的小型金字塔。

三、馆藏好物——不容错过的打卡点

1. 库库尔坎金字塔

位于奇琴伊察核心地段的库库尔坎金字塔以西班牙语中"城堡"一词命名。神殿与传统中亚美利加洲金字塔在正面设计陡坡台阶的形式不同，在其塔周四面各设置91级台阶，加上顶部一层平台，表示一年365天之意；神殿由9层基台构成，中央阶梯一分为二,表示一年共分 18 个月,呼应哈布历对于年月的计数方法。建筑构思精确巧妙,堪称"石制日历"。

2. 武士神庙

武士神庙是千柱阵的一部分,建在一个 40 米见方、13 米高的方台之上。神庙入口处置有石刻人像和门柱,门柱上精细地雕刻着玛雅人崇信的羽蛇神,雄伟壮观。

四、文化价值——展馆背后的财富

1. 历法的贡献

玛雅人为世界历史贡献了用于农耕的哈布历(太阳历)、用于祭神的卓尔金历、金星历与长纪年历。其中,太阳历揭示了一个阳历年为 365.242 129 天,几乎与现代科学计算出来的一年 365.242 198 天相差无几;金星历是玛雅人观测到的金星环绕太阳一周的时间,即 584 天;为人称奇的长纪年历则是玛雅人推算出的太阳系在银河系里公转一周的时间,即 25 800 年。

奇琴伊察古城遗址是玛雅人建筑几何水平的绝妙展示,成为中美洲建筑中无可争议的杰作。遗址也承载了古玛雅人对太阳历、卓尔金历、金星历的伟大发明与卓越运用，在令参观者赞叹之余，也引领人类继续探寻宇宙的无穷奥秘。

2. 消失的文明

玛雅文明流传数个世纪，"多次创世"的思想始终贯穿其中，这与他们的宗教信仰有关。玛雅人在历史上从未形成统一的国家，却拥有相同的宗教信仰，信仰的神明包含天神、月神、风神、雨神以及保佑耕作的玉米神等。玛雅人认为他们身处的世界并非史上第一个世界——创世神们一直在努力创造一个完美的世界，每当他们失败，就会用洪水冲毁一切，并尝试重新开始。

7世纪时，旧奇琴伊察极尽繁盛，而皇族却选择在此时离开这座城市，一度从历史舞台上消失。后世学者考古发现，文明终结的客观因素有很多，包含人口问题、外族入侵、统治集团内讧、自然灾害等，但古玛雅文明失落之谜至今没有定论。透过玛雅人独特的世界观，我们或许得以窥见一隅，正是这种带有宿命注脚般的对宇宙的认知，使玛雅人将"重建"与"新生"视作神圣的生命之法，也为这段消失的文明蒙上神秘的面纱。

（本篇编写：陈雨）

博物馆雅趣　漫步缪斯殿堂
"60岁开始读"科普教育丛书

缪斯之博学堂

北京中医药大学中医药博物馆

　　北京中医药大学中医药博物馆于1990年9月建成，是北京最大的中医药博物馆，更是一座收藏丰富、内容系统的专业性博物馆。它以"展示中医药文化，传承中医药历史"为宗旨，立足馆藏，为公众普及中医药知识，给公众呈现中医药源远流长的历史文化。

一、博物馆与学校

　　中医药博物馆坐落于北京中医药大学内的逸夫科学馆中，馆内大约有2 800多种中药标本，包括药用动物剥制与药用植物浸制标本近300种，按照"解表药"、"清热药"等药效分类陈列，便于学生进行学习和研究。大部分的药材是博物馆的工作人员和北京中医药大学的教授四处奔波，在文物市场和药材市场收购得来。另外，中药企业、业内人士包括校友的捐赠所占比例也在提高，博物馆的藏品日益丰富。

二、展厅布局

北京中医药大学中医药博物馆共有两个展厅,分别是中药综合展厅和中国医学史展厅。

在中药综合展厅,药材按照种类进行陈列,有灵芝专柜、人参专柜、陈皮专柜等,有日常生活中常见的草本植物,也有很多市面上难以搜寻到的珍贵药材。参观者不仅可以大饱眼福,而且药草的香气萦绕鼻尖,可以达到浸润身心的效果。

再上一层是中国医学史展厅。展厅按照时间顺序依次呈现了各个时期中医药发展的成就,参观者就像置身于华夏文明的历史长河:从原始社会的医学用具"砭石"到民国时期的药材铺子,从有关疾病的甲骨文的出现到《神农百草经》医学著作的问世,并配有20世纪90年代中央美院为展厅藏品设计的手绘说明,让人无法不赞叹中医的博大精深和一代又一代中医药人的医学智慧。

三、重要藏品

在中药综合展厅的展柜里摆放着很多珍贵的药材。其中,一块圆润光滑、色泽为淡青色的石头格外引人注意。它比成年人的拳头还大,表面有明显的光泽和淡淡的细草纹,看似一块玉石,实则为镇馆之宝之一的"马宝"。马宝是马科动物胃肠中的结石，具镇惊化痰、清热解毒之功，与狗宝和牛黄并称"三宝"，是极为珍贵的中医药材。馆内的这颗马宝重达 1 150 克，实属罕见。与其陈列在一起的还有净重 3 845 克的"骡宝"，外表光滑如镜，系博物馆从安国药材市场购得，亦十分珍贵，具有很高的收藏价值。此外，还有生长年限为 27 年的大型人参、被称作"一两陈皮一两金"的陈李济百年陈皮、"九朝贡胶"东阿阿胶、大型拼栽观赏灵芝等，都是值得一看的珍宝级药材。

在中国医学史展厅中央陈放着博物馆的镇馆之宝——仿清光绪针灸铜人，它是古人医学智慧的代表性藏品。铜人身上布满了针灸的穴位，是宋代开始医学生学医的教学模型和考核用具。中医药博物馆本身也成为现代医学生立体、直观的"教科书"。

四、文化价值

北京中医药大学中医药博物馆不仅是医学生参观学习的实践基地，更是面向社会开放的医学大讲堂。从 2014 年开始，博物馆每年推出一个中医药主题，服务地区居民，还走进社区开办讲座，邀请居民体验中医文化带来的健康生活方式。2022 年 4 月，博物馆被确定为首批全国科普教育基地。承载着中国古今中医药非物质文化遗产的博物馆，不仅为国民普及更健康的生活方式，而且成为走出国门与西方医学交流的载体，促进共同实现世界医学的发展。这座蕴含古今中医药宏大文化沉淀的巨大宝库，必将随着历史的积淀和一代代中医药人对医学的上下求索，在华夏文明的历史长河中熠熠生辉。

（1）北京中医药大学中医药博物馆公众号：北中医博物馆；

（2）北京中医药大学中医药博物馆官网：https://bowuguan.bucm.edu.cn/；

（3）广东中医药博物馆（广州中医药大学）：https://gdcmm.gzucm.edu.cn/；

（4）浙江中医药博物馆（浙江中医药大学）：https://zcmm.zcmu.edu.cn/；

（5）上海中医药博物馆（上海中医药大学）：https://bwg.shutcm.edu.cn/。

（本篇编写：胡锐）

12

上海体育学院中国武术博物馆

上海体育学院中国武术博物馆，是迄今世界上第一家全方位展示武术历史与文化的博物馆，拥有超过3 700件馆藏文物（见彩图5）。自建馆以来，中国武术博物馆秉承"挖掘、继承、弘扬和发展中国武术文化；汇集精品典籍，一展武术精髓；激扬民族豪气，教育中华学子；展现研究硕果，拓宽国际交往"的宗旨，不断丰富馆藏，更新高科技展示手段，让公众能够更好地感受中国武术的博大精深。

一、博物馆与学校

中国武术博物馆于2007年11月10日建成，坐落于上海体育学院新综合馆内，是上海体育学院校园文化建设的重要组成部分，也是学校对外文化交流的主要窗口。

中国武术博物馆是上海大学生的武术实践基地，不仅有体育专业的大学生前来参观学习，中小学生甚至热爱中国武术的留学生也会前来了解武术文化，一探中国武术的精深之处。

中国武术博物馆还是国际化的武术文化交流的平台，日本、韩国等国家的体育大学派人前来参观和交流。同时，博物馆与全国各地高校的体育学院进行访问交流。

二、展厅布局

博物馆分设拳械厅、历史厅、临展厅、立体影院和数字化多媒体互动区域。其中，拳械厅展示的是具有重大历史价值的兵器；历史厅详细介绍了中国武术的发展历史；临展厅展示了上海体育学院武术学院的建院历史介绍；立体影院和数字化多媒体互动区域旨在利用高科技展示手段和互动手段来介绍中国武术的具体种类和武术知识。

数字化多媒体互动区域是可以让参观者"大展身手"的区域，通过运用新颖的高科技手段，如格斗假人、动态抠像、红外传感、非接触识别等，向参观者开放了桩上飞步、眼疾手快、玄妙利器、挪移乾坤、大师论武、点穴神功等多项互动体验项目，让人们不费"吹灰之力"，也能成为身怀绝招的"武林高手"。

三、重要藏品

中国武术博物馆内收藏了战国时期的将军复合剑、"状元及第"匾额、唐代武士俑等重要武术文化遗产展品，以及在古代被奉为武林秘籍的武术书籍、将军石雕、木漆金武术工艺品、武器库画像石等藏品，可以让参观者全方位地感受中国武术的丰厚宝藏。馆内的浮雕上还雕刻了很多民族英雄的故事，如岳飞精忠报国、抗倭英雄戚继光使用的鸳鸯阵法等，展示了历代习武之人保家卫国的拳拳赤子之心。

在展厅中央立有一根石柱，上圆下方，代表着"天圆地方"，柱体为武术人顶天立地的形象，故得名"武魂柱"。其上刻有祥云、山水，意味着天、地、人合一的传统武术融合精神。环抱石柱中间的两个白色乳雕，象征着武术的"抱拳礼"。中国武术起源于人类的劳动实践活动，是制止侵袭、停止格斗的技术，并不是野蛮的技法。一招一式，都要遵守一定的礼仪；一拳一脚，都要融合全身的力量。顺应自然天道，才能参透武学更高的境界。

四、文化价值

自 2004 年 8 月《保护非物质文化遗产公约》颁

布以后，我国掀起了"保护非物质文化遗产"的热潮。2006年5月，少林功夫、武当武术等被列为第一批国家级非物质文化遗产，之后不久，上海绵拳也成功入选。武术中的一招一式，不仅是身体动作的变化，更渗透了中国传统哲学快与慢、刚与柔、攻与防、动与静的对立统一的辩证关系，使得传统武术超越术的层面进入道的境界，这也是中国武术经久不衰、代代传承的奥妙所在。如今，中国武术不仅在国内掀起健身热潮，也走出国门，获得世界各地人们的喜爱。

小 贴 士

（1）中国武术博物馆官方微信公众号：武术博物馆；

（2）上海体育学院关于中国武术博物馆的介绍：https://www.sus.edu.cn/dxwh/whxy/zgwsbwg.htm；

（3）大连武术文化博物馆：http://www.dlwswhbwg.com/；

（4）岭南功夫文化体验馆官方微信公众

号：岭南功夫文化体验馆。

（本篇编写：胡锐）

13

柏林洪堡大学自然博物馆

柏林洪堡大学自然博物馆（暨柏林自然博物馆）的全称是"自然博物馆－柏林洪堡大学莱布尼茨进化及生物多样性研究所"，位于德国首都柏林，馆内藏品超过3 000万件，是全球研究生物、地质进化和生物多样性的知名研究机构之一，也是世界上重要的科学博物馆之一。

一、博物馆与学校

柏林洪堡大学的前身是柏林大学，是德国的最高学府和学术中心。在柏林大学建校之初成立的3家博物馆——解剖学－动物学博物馆、矿物学博物馆和动物学博物馆，成为柏林洪堡大学自然博物馆的前身。后来德国建筑师奥古斯特·蒂德设计了一座三翼建筑，2/3 的藏品被转移到新的建筑内。

曾任矿业官员的亚历山大·冯·洪堡对博物馆的藏品搜集做出了重要贡献。他的科考足迹遍布世界，为博物馆带来了 1 100 多种矿物和岩石，目前这些藏品被收藏在博物馆的矿物馆内供参观和研究。

二、展厅布局

一走进柏林洪堡大学自然博物馆，便可以看到大厅中陈列的许多恐龙骨架，有梁龙、翼龙、橡树龙、布氏腕龙等，通过大厅内的互动装置来看这些恐龙骨架，可以看到它们复原成真实恐龙的样貌。在虚拟与现实之间，像是开启了一场时空旅行，揭示了两亿年前巨型生物恐龙的真实生活。

柏林洪堡大学自然博物馆的分展厅包括宇宙和太阳系展厅、有蹄类动物标本展厅、水生生物标本收藏展厅、鸟类标本展厅、矿物馆等，按照不同的自然主题陈列，博物馆向参观者展示宏大的宇宙、古老的化石以及动物标本、昆虫模型，让参观者在感慨大自然的鬼斧神工之余，更会对自然与生命有了更多的敬畏。另外，博物馆内还有专门展示动物标本制作的场馆，不仅用实物展示动物标本制作的过程，还配有生动的绘图说明，便于参观和学习。此外，博物馆内的洪堡探索馆是为儿童和青少年准备的学习区域，让他们通过动手实践来学习科学。

三、重要藏品

柏林洪堡大学自然博物馆拥有许多"世界之最"，如世界上数量最多的动物标本、世界上最高的恐龙化石、世界上最古老的鸟类化石、世界上最大和最古老的陨石标本、世界上最现代的水生生物收藏馆等。

全世界现仅发现9件始祖鸟标本之一的印石版始祖鸟"柏林标本"便展于柏林洪堡大学自然博物馆中，它在德国被发现，且保存最为完整。还有位于恐龙大厅中间位置的布氏腕龙骨骼模型，高为13.27米，是获得吉尼斯认证的"世界上最高的恐龙骨架模型"，被古生物学会评为"2012年度化石"。参观者还可以尝试去寻找博物馆中唯一展出的活物——南美肺鱼，它起源于亿年前的泥盆纪时期，历经进化，至今仍在美洲、非洲和大洋洲的江河里生存，有着"活化石"之称。

柏林洪堡大学自然博物馆内还有极具特色的生物多样性墙,展示了 3 000 多件生物标本。利用场馆提供的放大镜参观者可以看到生物标本栩栩如生的细节,让人不禁对制作标本的科学家和博物馆工作人员严谨的工作精神感到由衷的敬佩。

四、文化价值

柏林洪堡大学自然博物馆不仅展示独特的动物标本,而且掌握世界上最为先进的动物标本制作术,能够使世界各地前来参观的游客知晓那些已经灭绝的动物曾经存在的痕迹。当参观者躺在宇宙和太阳系的展厅,观看宇宙大爆炸和神秘的星球运转,便会发现:在广阔的星际中,人类不过是地球上千万个物种之一。要敬畏生命、敬畏自然,永远保持对世界和宇宙的好奇之心,就算作为浩瀚宇宙中一个微小的生命,也会因为永无止境的探索而拥有更大的价值。

(1)柏林洪堡大学自然博物馆官网:https://www.museumfuernaturkunde.berlin.de/;

（2）柏林博物馆岛：https://www.museumsinsel-berlin.de/home/；

（3）英国伦敦自然史博物馆：https://www.nhm.ac.uk/；

（4）美国自然历史博物馆：https://www.amnh.org/；

（5）法国国家自然历史博物馆：https://www.mnhn.fr/fr。

（本篇编写：胡锐）

英属哥伦比亚大学人类学博物馆

英属哥伦比亚大学人类学博物馆位于加拿大温哥华，是一座极具人类学专业特色的博物馆，共收藏了约 38 000 件人种志相关文物、535 000 件考古学文物。

一、博物馆与学校

英属哥伦比亚大学是全球顶尖的公立大学之一，是加拿大的著名学府。英属哥伦比亚大学人类学博物馆位于加拿大温哥华英属哥伦比亚大学校园内，建造之初是为了整理大学图书馆的藏品。1967 年，加拿大著名的建筑师阿瑟·埃里克森为其设计建造新馆，使博物馆获得壮大和发展。

博物馆面向英属哥伦比亚大学开设艺术、人类学、考古学及博物馆研究等相关科目的课程，负责相关领域的教学和学术研究。英属哥伦比亚大学人类学博物馆是北美博物馆中先进、全面的研究基础设施之一，学者可以利用博物馆资源进行人类学的学习和研究，并将研究成果以展览形式呈现。通过他们的努力，博物馆呈现出蓬勃的生命力，不断收集到更多有价值的藏品、挖掘出更多可以研究的方向，从而设计出更具有文化内涵和多元有趣的展览，使其真正成为世界艺术和文化的收藏地之一。

二、展厅布局

英属哥伦比亚大学人类学博物馆建筑极具艺术感,埃里克森在设计时采用了印第安原住民传统的柱梁架构设计,用巨大的钢筋来代替古老的原木,还设计了15米高的玻璃幕墙,既让馆内有了很好的采光,又让博物馆能够与周围的原住民环境融为一体。埃里克森本人将其描述为"光与影的作品,一座完美协调并依偎在其景观中的建筑,旨在与季节的节拍器和它所容纳的多样化文化收藏产生共鸣"。

英属哥伦比亚大学人类学博物馆共有6个展示区域,即迎宾广场、大厅、多元画廊、比尔·里德圆形大厅、科尔纳欧洲陶瓷画廊和博物院庭院,但是博物馆并没有人为地将每个展区分开,而是通过精心的设计,让各个展区在呈现内容各有侧重的同时,共同致力于通过调查、找寻、展出人类创造的奇迹,使人们了解并珍视伟大的世界文化遗产。

三、重要藏品

英属哥伦比亚大学人类学博物馆收藏了包括美洲、欧洲、亚洲、非洲在内的原住民非常重要的物品,如生活用品、仪式用具和面具等,还收藏了太平洋西北海岸原住民的艺术品和文物。馆中生动的雕塑、面具，色彩丰富的图腾柱生动地展示了太平洋西海岸原住民灿烂的艺术和文化。置身其中，参观者像是走进了一场异域文明的神话场景中。

博物馆中不乏大师级作品。例如，世界上最大的海达[*]艺术家比尔·里德的木雕作品——著名的"渡鸦与原住民"，这是博物馆的镇馆之宝。它描绘了海达创世神话：一只巨大的渡鸦立于蚌壳之上，哄骗蚌壳内的人类从壳里出来，而众生因为渡鸦的哄骗和对外界的好奇，才从蚌壳里冒了出来，成为了第一批海达人。只有人类永远对这个世界保持一份好奇，才会推动世界文明不断前进。

四、文化价值

英属哥伦比亚大学人类学博物馆致力于通过具有挑战性和创新性的计划以及与土著、当地和全球社区的合作伙伴关系，用语言、音乐、文学、电影、美食等多元化的表现方式，带给参观者多感官的体验，让藏品体现文化权利、价值观、知识等非物质层面，增

---

[*] 海达族，生活在西北太平洋地区的美洲原住民。

强参观者对作品形式和美学品质的欣赏，提高人们对世界多元文化方式的认知和理解。

此外，博物馆还搭建了国际文化交流平台，通过相关研究和展览与世界各地的文化社区建立了非常密切的联系，使博物馆呈现出世界文明的丰厚底蕴、不同国家文化的多元活力，引发参观者对于人类文明更深层次的思考。

小 贴 士

（1）英属哥伦比亚大学人类学博物馆：https://moa.ubc.ca/；

（2）剑桥大学考古学和人类学博物馆：https://maa.cam.ac.uk/；

（3）牛津大学皮特河博物馆：https://www.prm.ox.ac.uk/；

（4）墨西哥国立人类学博物馆：https://www.mna.inah.gob.mx/。

（本篇编写：胡锐）

博物馆雅趣　漫步缪斯殿堂

"60岁开始读"科普教育丛书

缪斯之珍品堂

中国国家博物馆之四羊方尊

一、中国国家博物馆简介

中国国家博物馆简称"国博",是历史与艺术并重,集收藏、展览、研究、考古、公共教育、文化交流于一体的综合性博物馆,是世界上单体建筑面积最大的博物馆,是中华文物收藏量丰富的博物馆之一。其整体规模在世界博物馆中位居前列,可以称为国家最高历史文化艺术殿堂和文化客厅。

馆内现有藏品数量 140 万余件(套),涵盖了从远古时期到当代各个历史阶段社会发展变化不同方面的内容,共有 48 个展厅,拥有国家一级文物近 6 000 件(套)。

二、为什么以"羊"为身——四羊方尊

1. 四羊方尊简介

在古代,青铜尊是地位仅次于青铜鼎的祭祀礼器。四羊方尊是目前所知商代青铜方尊里体态最大的,高

为 58.6 厘米，上口最大径为 44.4 厘米，重为 34.6 千克。方尊肩部四角的卷角羊首在装饰中最为醒目，"四羊方尊"也由此得名。四羊方尊被史学界称为"臻于极致的青铜典范"，属于国家一级文物。

2. 四羊方尊为什么以羊为身？

先秦时期，羊寓意着吉祥、幸福，在祭祀礼仪中的地位仅次于牛，是当时祭祀用的主要牲畜之一。为祭祀而宰杀的牲畜在当时叫作"牺牲"或"牺"。以这些牲畜为造型的尊，被称为"牺（读'梭'音）尊"。四羊方尊上的羊首造型，极有可能象征着作为祭品的羊。甲骨文中的"美"字，就是头顶大角的羊形。"吉祥"的"祥"是"羊"字的后起字。古人将羊与一切美好事物进行联想，四羊方尊不但保留了古人对羊图腾的崇拜之情，同时寄托了先民对于美好生活的向往。

3. 四羊方尊的铸造与雕刻

四羊方尊集铸造工艺、艺术美学于一体，使用分铸法将羊角、龙头先铸出后，与尊体铸接为一体。方尊形制结实，纹饰绮丽，气势雄奇，体现了中国所特有的"中和"之美。整器花纹精丽，线条光洁刚劲。四羊方尊整个器身纹饰细腻，羊首饰雷纹，背及前胸饰鳞纹，两侧饰线条优美的长冠凤纹，圈足饰龙纹。

纹饰设计对称呼应、联贯综合、和谐统一。

四羊方尊集线雕、浮雕、圆雕于一器，把平面图像和立体雕塑结合起来，把器物和动物形状结合起来，可谓匠心独运。方尊造型动静结合，4只羊稳稳承托，平衡稳重，设计巧妙，体现了静态之美。尊肩都是4条游动的蟠龙，呈现动态姿势，在庄静中突出动感，匠心独运。生动繁复、寓动于静的纹饰给冰冷厚重的青铜器增添了端庄、典雅的神韵。

（1）中国国家博物馆网址：http://www.chnmuseum.cn。

（2）中国国家博物馆公众号：国家博物馆。

（3）其他藏品推荐：①"妇好"青铜鸮尊（商）；②利簋（西周）；③彩绘雁鱼青铜釭灯（西汉）；④错金银云纹青铜犀尊（西汉）。

（本篇编写：张寒欣）

辽宁省博物馆之《古诗四帖》

一、辽宁省博物馆简介

辽宁省博物馆是一座综合性博物馆,是新中国建立的第一座博物馆,素以藏品丰富、特色鲜明而享誉海内外。博物馆占地面积为 83 200 平方米,建筑面积为 100 013 平方米,分陈列展览、观众服务、文物库房、文物保护、综合业务 5 个业务区。

辽宁省博物馆藏品以辽宁地区的考古出土文物和传世的历史艺术类文物为主体,藏品分为考古、书画、雕刻、陶瓷、丝绣、服饰、铜器、货币、漆器、景泰蓝、家具、古生物、少数民族文物、甲骨、碑志等 17 类文物,形成了规模宏大的收藏体系。

二、为什么是狂草绝作——《古诗四帖》

1.《古诗四帖》简介

《古诗四帖》纵 29.5 厘米、横 195.2 厘米,是唐代张旭传世的狂草孤本,是今草向狂草演变的实物例证。《古诗四帖》以五色笺录庾信的《道士步虚词》二则和谢灵运的《王子晋赞》《岩下见一老翁四五少年赞》。草书40行，气势奔放纵逸，起伏跌宕，富于韵律，是难得一见的书法珍品。

2.《古诗四帖》的笔墨意境之美

盛唐时代的艺术形态之一就是豪放，"李白诗歌"、"裴旻舞剑"、"张旭草书"被称为"三绝"。张旭以豪放的情怀，将草书推到了一个极高的境界。《古诗四帖》展卷开来，色彩相间的纸地十分醒目，其古厚的底蕴令人联想到历史沧桑。相传这是东晋至南朝时期书法用纸的品种，古称"五色笺"，这种纸张偏熟性，适合突出笔法，唐时还有少量使用，以后就不多见了。《古诗四帖》以中锋圆势为主、侧锋为辅，笔触姿态丰富。沉郁酣畅、轻重缓急的笔法变化，让人感觉字体犹如神龙腾空、夏云出岫，气势磅礴又充满韵律之美。

3.《古诗四帖》的线条美感

张旭对笔法的学理认知在《古诗四帖》中体现得淋漓尽致。帖中字与字之间的大小、疏密变化自然，行与行错落有致，字体线条变换多样，极具韵律感。姜夔认为"草贵圆"，帖中的圆润线条运用较多，还添加了锯齿状的线条，为作品增添了层次感。满纸飞舞变动的线条，在强烈的跌宕起伏中，体现出荡气回肠的气势，又在变换中表现得对立统一，呈现了和谐的美感。

四、还有什么值得看——怀素《论书帖》

在中国书法史上素有"颠张狂素"的美谈，其中，"张"为唐代草书大家张旭，"素"即指怀素。与《自叙帖》《苦笋帖》等狂草书帖相比，《论书帖》代表怀素草书的另一面目。《论书贴》纸本用笔瘦逸，结构严谨，是怀素师法王羲之的早年之作。

（1）辽宁省博物馆陈列了丰富的辽宁历史文物。"辽宁历史文物专题陈列"以中国通史为经，以地方历史为纬，依辽宁地区重要的考古资料为据，采取重点文物专题组合的形式，以突出辽宁地方特色为宗旨。另外，"中国古代铜镜展"、"中国古代碑志展"、"辽代陶瓷展"、"中国历代玺印展"、"中国古代货币展"等都展示了中国民族文化的博大精深。

（2）辽宁省博物馆官网：http://www.lnmuseum.com.cn。

（3）辽宁省博物馆微信公众号：辽宁省博物馆。

（4）其他藏品推荐：①饕餮纹大圆顶（商后期）；②簪花仕女图卷（唐）；③宋徽宗瑞鹤图（宋）；④剔红荷塘双鸳大盘（明）；⑤粉彩荷花吸杯（清）。

（本篇编写：张寒欣）

苏州博物馆之秘色瓷莲花碗

一、苏州博物馆简介

"君到姑苏见，人家尽枕河。古宫闲地少，水港小桥多。夜市卖菱藕，春船载绮罗。遥知未眠月，乡思在渔歌。"杜荀鹤在《送人游吴》中道出苏州江南水乡如梦如幻的秀丽风景，苏州博物馆就坐落在这座城市中。苏州博物馆建立于1960年，是一座地方历史文化综合类博物馆。原馆址所在的太平天国忠王府，是全国保存至今最完整的一组太平天国历史建筑物。1999年，贝聿铭先生受邀为苏州博物馆重新设计场馆，他把苏州的江南水乡园林、粉墙黛瓦与博物馆的现代化、艺术属性相结合，打造了这座赏心悦目的苏州地标性建筑——苏州博物馆。

二、揭开两塔瑰宝的神秘面纱

1. "吴地遗珍"秘色瓷莲花碗简介

在苏州博物馆吴塔国宝"吴地遗珍"系列文物中，一尊青色的瓷碗静静地摆放在展厅方形的展柜内，就像一位等候千年的智者在等待它的伯乐来欣赏它的美、解读它的神秘。这就是苏州博物馆的镇馆之宝之一——秘色瓷莲花碗。

秘色瓷莲花碗出自中国五代时期的越窑，于1957年在苏州虎丘云岩寺塔的二次维修时被发现，莲花碗被藏于塔上第三层的天宫中。但是，当时没有足够的证据能论证它为秘色瓷,直到1987年在陕西省法门寺地宫发现了《衣物帐》石碑,从而揭开了秘色瓷莲花碗的真正身份。

2. 解读瑰宝——秘色瓷莲花碗的艺术之美

秘色瓷莲花碗是以莲花为主元素的五代时期越窑出产的瓷器。莲花碗结构主要分为碗和盏托两个部分。碗体为宽口深腹,矮圈足,表面刻有莲花花瓣的浮雕纹样。盏托的上口外翻,刻有双钩仰莲图案,盏托腰部收窄,底部圈足外撇,刻有浮雕覆莲图案。它的色彩淡雅青绿,釉色光泽,如同玉器一般清亮温润。从露胎的位置可以看出,瓷胎颜色呈灰白色,胎质细腻紧实,工艺精湛。

从展厅远远望去,秘色瓷莲花碗整体造型丰腴对称,线条流畅,犹如一朵永久盛开的莲花,静静地躺在湖面之上,给人一种悠远、宁静之感。"出淤泥而不染,濯清涟而不妖",莲花在古代有高洁、清甜的君子美名,是古代文人雅士借物喻情、争相歌颂的对象,也是佛教中"智慧"、"净土"和"境界"的写照。

三、诗中秘色——秘色瓷之美

秘色瓷的"秘"究竟是什么意思呢?其实,"秘"

字在古代被解读为稀有、少见,"秘色瓷"也就是指罕见釉色的瓷器,因其珍贵、稀有,在古代秘色瓷是专供给皇室的瓷器。唐代诗人陆龟蒙在《秘色乐器》中这样描述秘色瓷:"九秋风露越窑开,夺得千峰翠色来。好向中宵盛沆瀣,共嵇中散斗遗杯。"秘色瓷的制作工艺独特,釉色高雅润泽,器形典雅优美,极其罕见,与其他青瓷的制作工艺截然不同。2017年,"秘色重光——秘色瓷的考古大发现与再进宫"展览在故宫博物院斋宫开展,国内少有、现存的秘色瓷经典作品齐聚一堂,其中最有代表性的秘色瓷瓷器包括法门寺地宫出土的秘色瓷八棱瓶、康陵出土的秘色瓷瓜棱盖罐、后司岙窑址出土的秘色瓷瓷枕等。

(1)苏州博物馆网址:https://www.szmuseum.com/Home/Index。

(2)苏州博物馆官方微博名称:苏州博物馆。

(3)其他藏品推荐:①七君子图(元);

②五月江深图（明）；③微缩明代家居书斋场景（明）；④紫檀镶金丝鸟（清）；⑤居仁堂粉彩梅鹊花碗（民国）。

（本篇编写：龚祺星）

台北故宫博物院之《富春山居图》

一、台北故宫博物院简介

台北故宫博物院又称"台北中山博物院"，是研究古代中国艺术史和汉学的重镇。台北故宫博物院是台湾地区规模最大的博物馆，总占地面积为160 000平方米，1965年开馆后多次扩建修缮。

截至2021年，台北故宫博物院馆藏698 854件/册文物，其中，有铜器6 241件、绘画6 744件、陶瓷器25 595件、法书3 741件、玉器13 478件、法帖495件、漆器773件、丝绸308件、珐琅器2 520件、成扇1 882件、雕刻666件、印拓900件、文具2 379件、善本书籍216 507册、钱币6 953件、档案文献395 551册件、杂项12 495件、织品1 626件。

二、"画中之兰亭"——《富春山居图》

1.《富春山居图》简介

现存的《富春山居图》分为两个部分:"剩山图卷"存于浙江省博物馆,"无用师卷"存于台北故宫博物院。画中描写富春江一带初秋景色,峰峦坡石,起伏竞秀,云树苍苍,疏密有致,表现出江南山水"山川浑厚,草木华滋"的艺术风貌。黄公望晚年定居在富春江,历时多年才完成《富春山居图》,作品体现了他闲适、平淡的人生追求和超然的艺术追求,亦可视为富春江文化意象全幅生命史中的一个环节。

2.《富春山居图》的长卷式构图特点

《富春山居图》采用长卷式构图方式,画面横向发展,构思巧妙,给人感觉具有流动性。由近及远不同墨色绘画的景物层次分明,有融合、有对比,韵律感极强,使整体画面虚实相生、疏密得当,体现了空间的秩序感。在画面中，前景是石树林，中景是大面积留白的水面，远景是开阔的江面。最出彩的是平远与高远的结合，山石树木自山脚下相连不断，山头丰富多变，而后绵延不断的山峦层次分明，向远处延伸。阔远与高远结合，近处坡岸上几棵松树屹立，顶住了前景，远处江面开阔，逐层的远山渐渐退到身后，形成了阔达辽远的视觉效果。最后一段则采用了平远与阔远结合的方式，耸立的高峰拔地而起，矗立在中间，宽阔的水面，长长的沙洲，遥遥相对的土坡和远山渐渐淡隐而去，给观者带来无限的联想。黄公望颠覆了"三远法"，提出了以"阔远"代"深远"，实现了对空间布局的突破，获得了层次清晰、意境深远的艺术效果。

3.《富春山居图》的笔墨意境

元代的画家多用宣纸作画。宣纸吸水性好，可以展现笔墨的浓淡，也可适当留白，还可呈现笔墨痕迹、丰富绘画技巧，帮助画家在笔墨间呈现自己的情感。《富春山居图》绘在宣纸上，用多变的笔法技巧来描写对象，能够更好地呈现形态、神韵和气质，抒发画家的情感和思绪，这也是画作堪称经典的原因之一。

《富春山居图》主要运用披麻皴的笔法、以柔韧的中锋线的组合来表现山石的结构和纹理，干笔和湿笔间接使用，笔触清新、浓淡分明、一气呵成。在表现树林时，又采用米点皴、雨点皴的笔法，在丛林山峦之间用大小、粗细各不相同的墨点来表现树木，细腻且落笔利落、疏密得当，呈现出"无意于物"的感觉。

《富春山居图》用墨清丽、笔法张弛有度，展现了黄公望深厚的绘画技能和独特的艺术表现力，给人淡远幽静的感觉，也体现了黄公望的隐士精神。

4.《富春山居图》合璧展出

2011年6月1日，分隔360多年的《富春山居图》"剩山图"与"无用师卷"终于重逢。2021年6月1日，《富春山居图》合璧十周年活动在浙江举办。传奇名画合璧展出见证了中华文明的历史延续，饱含着中华儿女的民族情怀。

（1）台北故宫博物院官网：https://www.npm.gov.tw。

（2）其他藏品推荐：①《快雪时晴

帖》(东晋);②《自叙帖》(唐);③《刘中使帖》(唐);④《早春图》(宋);⑤《华子冈图》(明)。

(本篇编写:张寒欣)

浙江省博物馆之良渚文化玉琮

一、浙江省博物馆简介

浙江省博物馆(浙江革命历史纪念馆)始建于1929年,坐落于杭州西湖附近,是浙江省内规模最大的综合性人文科学博物馆。馆藏文物及标本有10万余件,品类涉及广泛,年代序列完整,包括河姆渡文化遗物、良渚文化玉器、越文化遗存、越窑、历代书画和历代漆器等,史料丰富,具有鲜明的地域特色和研究价值。

二、通达天地的权利——良渚文化玉琮王

1. 良渚文化玉琮王简介

新石器时代良渚文化玉琮出土于浙江省余杭县良渚反山 12 号墓中，高为 8.9 厘米，射口直径达 16.5～17.5 厘米，整器重约 6 500 克。因其器形硕大，纹饰繁复独特，为现存玉琮之最，故被称为"玉琮王"，是良渚文化的玉器瑰宝。

2. 良渚文化玉琮王的造型之美

良渚文化玉琮王是件筒型玉器，整体造型接近内圆外方，表面光滑平整，玉琮内圈为圆形，外圈四角见方，器型整体较大，上大下小，中间对钻圆孔，留有台痕，稳重结实。

玉琮王共有 4 个侧面，每个面的纹饰繁复且规整，四面均匀地被直槽分割为左右两个部分，又被横槽分割为上下两个部分。在每个直槽的上下部分，运用浮雕和线雕的技法，分别雕刻有一个具象的人面神像和一个抽象的神兽造型，在神兽周围有较多细致的卷云纹、直线等装饰。在玉琮侧面转角处的凸起棱面上下部分，运用浮雕雕琢有 8 组几何图形特征的神人兽面

图案，分别以转角为中轴线展开，在每组神人兽面的两侧，还分别用有变形夸张的浮雕鸟纹进行装饰。鸟在良渚文化中表示天地的连接，体现了良渚先民的鸟崇拜信仰。

三、先民的玉琮文化

良渚文化显现了中国先民的文明之光，玉琮是良渚文化神权的象征，可谓良渚文明的代表。"琮"字始见于《周记》："以苍璧礼天，以黄琮礼地。"其内圆外方的器形和先民"天圆地方"的宇宙观、"天地浑一"的思维认知相契合。玉琮最初的器形并不大，主要佩戴在手臂上，具有实用性。随着玉琮的器形开始向扁圆筒型和方柱体演变后，其礼器的功能逐渐显现，它的出现也往往反映了墓主身份的尊贵。在玉琮上雕刻夸张的兽面纹样，也被认为有驱邪求福的作用。

除了良渚文化玉琮王，我国现存的玉琮还有很多有代表性的作品。例如，南京博物院藏有江苏省吴县草鞋山198号墓出土的玉琮，浙江省文物考古研究所藏有浙江省余杭县翻山墓地出土的玉琮，这些玉琮器型不同，但是在纹饰、雕琢风格方面与良渚文化玉琮王有很多相似之处。

四、缪斯之珍品堂

（1）浙江省博物馆设有多个专题展览，如"越地长歌——浙江历史文化陈列"和"钱江潮——浙江现代革命历史陈列"两个基本陈列展，"昆山片玉——中国古代陶瓷陈列"、"重华绮芳——宋元明清漆器艺术陈列"、"文澜遗泽——文澜阁与《四库全书》"、"瑞象重明——雷峰塔文物陈列"等专题展览，藏品种类丰富，研究价值极高。

（2）浙江省博物馆网址：https://www.zhejiangmuseum.com/。

（3）浙江省博物馆官方微博：浙江省博物馆。

（4）其他镇馆藏品推荐：①越王者旨於睗剑（战国）；②伎乐铜房屋模型（战国）；③落霞式"彩凤鸣岐"七弦琴（唐）；④吴越国鎏金纯银阿育王塔（五代十国）；⑤黄公望《富春山居图》（元）；⑥龙泉窑青瓷舟形砚滴（元）。

（本篇编写：龚祺星）

20

自贡恐龙博物馆之和平永川龙头骨

一、自贡恐龙博物馆简介

自贡恐龙博物馆位于四川省自贡市的东北部自贡联合国教科文组织世界地质公园的核心园区内,是国家一级博物馆。它是在世界著名的"大山铺恐龙化石群遗址"上就地兴建的我国第一座专业恐龙博物馆(世界三大恐龙遗址博物馆之一),占地面积为7万多平方米,主展馆建筑面积为6 600平方米,陈列展示面积为4 600平方米。馆藏化石标本几乎囊括了距今2.01—1.45亿年前侏罗纪时期所有已知恐龙种类,收藏和展示的侏罗纪恐龙化石全世界最多,被美国《国家地理》评为"世界上最好的恐龙博物馆"。

二、最完整的大型肉食恐龙头骨——和平永川龙头骨

1. 和平永川龙头骨简介

和平永川龙是晚侏罗纪化石,体积为140厘

米 × 900 厘米 × 360 厘米，是目前亚洲发现保存最完整的、最大的肉食性恐龙头骨。头部长度超过 1 米，呈黄褐色，头骨粗壮，颜面部低长。在两个眼前孔中，第一个眼前孔非常发育，呈等腰三角形；第二个眼前孔小，呈四边形。顶骨特别突起，其后侧突非常发育，牙齿粗大，侧扁，呈匕首状。齿关前后缘，锯齿发育，通过锋利的牙齿能够感受到和平永川龙的食肉本性。

2. 侏罗纪的霸主之一——和平永川龙

和平永川龙发现于四川自贡，是永川龙家族中的新成员，其骨骼化石发现于和平乡晚侏罗纪上沙溪庙祖地层中，是大型食肉性恐龙。和平永川龙的头特别大，血盆大嘴内长满尖刀状的牙齿，让其他动物望而生畏。它的前肢短而灵活，脚爪尖而弯，酷似鹰爪，适宜抓捕猎物，后肢粗壮有力，三趾型的后脚着地，行走或奔跑时"掷地有声"。其体躯虽然庞大，行动却迅猛异常。和平永川龙名为"和平"，其实它一点都不喜欢同别人和平相处，反而经常去攻击其他恐龙。

3. 和平永川龙头骨为什么珍贵？

和平永川龙头骨保存完好，完整性接近 100%，生活于 1.5 亿年前的侏罗纪晚期。在恐龙骨骼化石中，最罕见的是头骨化石,特别是完整的头骨化石。因为头骨较薄,易受损,拥有完整牙齿排列的头骨化石更难保存。

（1）自贡恐龙博物馆网址：http://www.zdm.cn。

（2）自贡恐龙博物馆公众号：自贡恐龙博物馆。

（3）其他藏品推荐：①世界上最原始、最完整的剑龙——太白华阳龙；②世界上生存时代最晚的迷齿两栖类——扁头中国短头鲵；③世界上最完整的小型鸟脚类恐龙——劳氏灵龙；④世界上首次发现的蜥脚类恐龙尾锤——蜀龙和峨眉龙尾锤。

（本篇编写：张寒欣）

埃及国家文明博物馆之拉美西斯二世木乃伊

一、法老博物馆——埃及国家文明博物馆

木乃伊是古埃及文明至今难以解开的谜题,想了解木乃伊背后神秘的古文明,不妨走进2021年面向公众开放的埃及国家文明博物馆。埃及国家文明博物馆又称"埃及文明博物馆",位于埃及首都开罗(原古城福斯塔特)。2017年博物馆临时展厅部分开放。2021年4月,博物馆举行"法老的金色游行"活动,将22尊古埃及法老木乃伊由开罗埃及博物馆运到埃及国家文明博物馆,并宣布博物馆正式启用。埃及国家文明博物馆的艺术藏品涵盖了从史前时代到远古、中古等埃及各个历史时期的文化风貌,是一座集文化、教育、创新和研究的综合博物馆。

二、埃及之王——拉美西斯二世木乃伊

1. 拉美西斯二世木乃伊的发现与保存

拉美西斯二世木乃伊被认为在世界上保存最完好。他的身高为1.76米,与其他几位法老木乃伊都被发现于帝王谷,那里寸草不生,宽广荒凉,却成为几位法老最后的栖身之地。古埃及文明的创建者相信人死后还有生命,并将大部分财富用于对抗死亡。拉美西斯二世木乃伊最初被埋在KV7号墓,但因盗墓者猖獗,祭司把他的尸身转移到帝王谷一处隐秘的陵墓"代尔巴哈利"内,他的尸身被保存了3 000年,直到英国人和法国人来寻宝,才发现了法老木乃伊所在的帝王谷图坦卡蒙墓穴。

20世纪后期,拉美西斯二世木乃伊因为尸身滋生细菌,开始出现腐烂现象,不得不被送到巴黎研究修复。在送到法国前,为了防止木乃伊受损或者遗失,政府还专门为拉美西斯二世木乃伊制作了官方旅行证件,上面标注的身份职业信息是"国外(已故)"。

2. 古埃及重要的法老之一——拉美西斯二世

拉美西斯二世是历史上最著名的法老,这与他生前的伟大功绩有着重要关联。拉美西斯二世(约前

1303年—前1213年）是古埃及第十九王朝的第三位法老，他的名字在古埃及语中意为"拉神之子"。拉美西斯二世被称为"拉美西斯大帝"，他25岁登上王位，在位67年，享年90多岁。他既是一位优秀的政治家，也是杰出的军事家、建筑师。他执政期间是埃及新王国最后的强盛年代。

拉美西斯二世在位时，与郝梯王国持续多年争战，发生了著名的卡迭石战役。后来他与郝梯王国签订了国际上第一个和平和约——"埃及郝梯和约"，并迎娶了郝梯国王的女儿，以巩固新建立的军事联盟。拉美西斯二世还在东北尼罗河三角洲新建一座城市为首都，并将其命名为"培尔-拉美西斯"。埃及现存的很多伟大的建筑工程都与拉美西斯二世有关，如他兴建了著名的阿布辛拜勒神庙和拉美西斯神殿，并扩建了卡纳克神庙和卢克索神庙。现存的很多法老遗留建筑上还刻有拉美西斯二世的名字，他的丰功伟绩让历史铭记。

三、法老的遗产

拉美西斯二世木乃伊最初被展示于开罗埃及博物馆。开罗埃及博物馆作为"埃及博物馆之父"，收藏了相当多的法老时期文物，故也被称为"法老博物馆"。它的镇馆之宝除了存放的法老木乃伊之外，最为著名的就是"图坦卡蒙法老的黄金面罩"。它是古埃及第十八王朝的第十二位法老图坦卡蒙的金色面具，发现于帝王谷KV6号墓内，当时放置在法老木乃伊的面部。整个面具大部分由黄金打造，真实还原了法老生前的容貌特征，面具上头戴头巾，用秃鹰和眼镜蛇作图徽，象征着法老统治上埃及和下埃及至高无上的权力。

埃及国家文明博物馆的展厅主要分为主展厅、王室木乃伊展厅和临时展厅。博物馆最有特色的展厅就是王室木乃伊专题展厅。展厅中以第十七王朝到第二十王朝期间的木乃伊、随葬品和棺椁为主要展品，展厅内又分设多个小展厅，分别展示了18位法老木乃伊和4位皇后木乃伊。厅内庄严肃穆，让人仿佛感觉行走在木乃伊的安息地帝王谷。

（1）埃及国家文明博物馆网址：https://nmec.gov.eg/。

（2）博物馆中著名的木乃伊：①哈特谢普苏特（埃及第十八王朝女王）；②图特摩斯三世；③塞格嫩拉·陶二世。

（本篇编写：龚祺星）

埃塞俄比亚国家博物馆之"露西老祖母"

一、埃塞俄比亚国家博物馆简介

埃塞俄比亚国家博物馆位于首都亚的斯亚贝巴，是一幢4层小楼，陈设简单。其中，地下一层是根据在埃塞俄比亚发现的史前生物化石及旧石器、新石器的遗址和文物所绘制的人类史前阶段的漫长画卷展示。地上一至三层则是埃塞俄比亚进入有史阶段以来的文物展示，包括陶器、青铜器、装饰品、生活用具、武器、埃塞俄比亚皇室用品、壁画以及现当代艺术品等。地下一层因为借助了国际研究机构和组织的力量来策展和布展，展示令人惊艳。地下一层展览以通俗易懂的图、文、物并茂的方式简述了人类发展简史。在博物馆门口还有部分石像展品。

二、为什么是人类祖先——"露西老祖母"

1."露西老祖母"简介

"露西"被称作"人类老祖母"，是同类化石中最为完整的，"年纪"约为320万岁，属于阿法南方古猿，名称来自发现露西的地方——埃塞俄比亚的阿法地区，归类为人族。在埃塞俄比亚国家博物馆古人类化石展厅，"露西"的骨骼化石被玻璃罩罩着。它是修复完整的复制品，白色的骨架是修复专家补上的。当年挖掘出土的"露西"遗骸化石，完整度只有约40%。在展厅化石旁还陈列了当时发掘工作的照片。

2. "露西"是如何被发现的?

1981年美国出版的《露西：人类的始祖》一书中提到："露西"是1974年11月法美联合考察队在埃塞俄比亚调查有关人类起源的化石和文物时，发掘出的一具比较完整的化石骨架。那天上午天气炎热，在长时间的搜索之后，考古队决定返回，随队的美国科学家唐纳德·约翰逊建议选择另外一条返程路线。途中，他在一处沟壑旁意外发现一块肱骨碎片，立刻认出这是古人类的化石。在附近的斜坡上，他还发现了腭骨、颅骨、脊椎骨等化石碎片。经过数周的发掘、采集、分类，考古队修复了数百件样本残片，发现无一重复，确认了这些样本来源于单一个体骨骼。经过进一步分析计算，发现的样本占完整骨骼的40%。由于骨骼体型较小，科学家认为这应该是女性骨骼，大量的骨骼化石碎片为古人类学研究提供了科学证据，这具骨骼化石遂成为全球闻名的"人类祖母"。

3. 揭开"露西"的面纱

当研究人员发现她时，他们正在听一首披头士乐队的歌，歌名叫《露西在缀满钻石的天空》，于是他们便把她取名为"露西"。露西脸部很长，下颌突出，头骨也比较小。美国《科学公共图书馆·综合》期刊的分析显示，露西虽然体型娇小，站立高度仅为 1.05 米，但四肢骨头强健，有发达的肌肉。对露西股骨的分析显示，她已经能直立行走，但远不如现代人类走得那么好，行走的距离也很有限。对由露西骨骼碎片重建的骨架进行分析，可以知道露西有智齿（也是她长出的最后一颗磨牙），长出时间大约在她十八九岁时。根据推测，露西很有可能是在 19～25 岁时从树上掉落而亡。

4. 露西"分身"在上海

"露西"的复制品于 2010 年在上海世博会非洲联合馆埃塞俄比亚展区亮相，世博会结束后被捐献给上海世博会博物馆，现在还可以在上海见到露西的"分身"。

小 贴 士

（1）埃塞俄比亚博物馆没有官网，电子邮箱为：natinalmuseum@ethlonet.et。

（2）其他藏品推荐：①人类头骨化石：奥莫Ⅰ号；②人类头骨化石：奥莫Ⅱ号。

（本篇编写：张寒欣）

德累斯顿绿穹珍宝馆之《莫卧儿帝国的朝臣》

一、德累斯顿绿穹珍宝馆简介

德累斯顿绿穹珍宝馆位于德国萨克森州，是世界上古老的博物馆之一，这座豪华的文艺复兴宫殿也是欧洲最大的珍宝馆。它由神圣罗马帝国萨克森选帝侯、波兰国王弗雷德里克·奥古斯特二世兴建于1723年，是德累斯顿王宫的一部分，主要以展示巴洛克到古典主义时期的珍宝为特色。因为珍宝馆的建筑装饰华丽繁复，并且使用了大量的绿孔雀石，因此得名"绿穹"。

2019年11月，绿穹珍宝馆遭窃，上百件珍贵展品失窃。

二、探索欧洲最伟大的珠宝艺术作品

1."大莫卧儿王室内府"简介

欧洲珠宝艺术中令人震撼的作品之——"大莫

卧儿王室内府"，是一件微型雕刻珠宝作品，现收藏于德累斯顿绿穹珍宝馆中。它由德累斯顿宫廷珠宝匠约翰·梅尔希奥·丁零格团队花费6年多时间创作而成，深度还原了莫卧儿帝国皇帝奥朗则布的生日庆典，以珠宝微雕作品的形式向众人展示了生日宴会的盛大场景。

2. 帝国的宴会——"大莫卧儿王室内府"展现什么样的场景？

"大莫卧儿王室内府"被称为"欧洲珠宝艺术藏品之最"，它究竟描述了怎样的场景？丁零格根据大量图像文本资料中关于莫卧儿帝国的描述，畅想了皇帝奥朗则布的宴会中朝臣相聚、欢歌乐舞的场景。

从空间角度分析，其前景叙述的是大臣、各国使臣或坐着坐骑、或抬着礼物匆匆赴宴的景象；中景部分显示侍从正在表演节目、忙前忙后打理整场宴会活动；后景则是整个作品的重点，奥朗则布坐在宝座上，周围的大臣、护卫列位两侧，臣子觐见庆生，献上精心准备的贺礼。整个场面壮观盛大，可见莫卧儿帝国的强盛与辉煌。这种群臣觐见拜贺的形式与中国古代君王上朝受群臣参拜的景象有点相似，据说丁零格团队在设计作品时参考了当时亚洲游记的相关资料，可能是想借用中国古代礼制来表现莫卧儿帝国的君主制度。

丁零格团队在建筑设计方面也花费了不少心思。为了展现莫卧儿帝国的奢侈与繁华，作品中的建筑风格借用了巴洛克时期繁复、奢华的建筑特点，通过镀金、镜像等方式把王室的尊贵与荣耀展现得淋漓尽致。

3. 华丽的产生——"大莫卧儿王室内府"的材料与制作

"大莫卧儿王室内府"所用的材料包括黄金、银、木头、宝石和金刚石等，可以说是当时最为珍贵的珠宝材料。

作品中的底盘和背景以木头为内里，雕刻以浮雕装饰，并用金银包裹镀色。作品中人物则以金、银浇注，然后上以釉彩，再镶嵌上宝石。据统计，在如此精巧的作品中，人物约有165位，总共镶嵌几千颗钻石、160颗红宝石、164颗绿宝石、1颗蓝宝石、16颗珍珠和2颗浮雕宝石的珠宝，成本费用极高，更别提还要支付那么多能工巧匠的工资。可以说当时最顶尖的工艺、材料、构思都凝聚在这件作品中，这才造就了"欧洲珠宝艺术中最伟大的作品"。

4. 珍宝的"东方情结"

如果细看"大莫卧儿王室内府",可以发现在这件欧洲珠宝艺术作品中有不少东方元素。比如,中国古代特有的轿辇、亚洲人的穿着打扮、王座背后的龙纹,以及之前提到的君臣朝拜的礼制仪式等,这些元素具有典型的东方特征。不少学者推测在当时中国可能已经与西方世界有了较多的经济文化交流,东方文化和礼仪思想也在一定程度上影响了西方的艺术发展和文化认知。丁零格团队在设计制作的过程中,他们可能想要展现出强大、繁荣、富有的莫卧儿帝国形象,但是图像资料中的莫卧儿帝国作品在这方面还不够突出,所以丁零格团队便借用东方皇室的文化符号和礼制仪式,结合欧洲艺术特点,改造出一个印度皇室宴会的景象,从而创作出举世闻名的珠宝艺术作品。

(1) 绿穹珍宝馆网址:https://www.skd.museum/zh/visit/gruenes-gewoelbe/。

（2）其他藏品推荐：①德累斯顿绿钻；②金咖啡器皿。

（本篇编写：龚祺星）

俄罗斯国家博物馆之《伏尔加河上的纤夫》

一、俄罗斯国家博物馆简介

俄罗斯国家博物馆是全球收藏俄罗斯艺术品数量最多的博物馆，是俄罗斯第一个国家艺术博物馆，是位于圣彼得堡历史中心独特的建筑和综合艺术体。俄罗斯国家博物馆于1898年开馆，首批收藏品来自加特契纳宫、亚历山大宫、冬宫和艺术学院移交以及私人捐赠的物品、艺术品。藏品有40多万件，涵盖了从 10 世纪到 21 世纪俄罗斯艺术史上的所有主要时期，藏品类型包括油画、雕塑、版画、素描、水彩画、装饰艺术、应用艺术、民间艺术、摄影、当代艺术等。

二、批判现实主义油画杰作——《伏尔加河上的纤夫》

1.《伏尔加河上的纤夫》简介

油画作品《伏尔加河上的纤夫》尺寸为 131.5 厘米 ×281 厘米，展现俄国批判现实主义画家列宾在涅瓦河边写生时亲眼目睹的情景。拉着满载货物大船的纤夫和涅瓦河大桥上热烈豪华的场景形成了鲜明的对比，仿佛两个完全不同的世界，列宾因此萌发了创作纤夫生活的构思。他利用暑假与风景画家瓦西里耶夫一起去伏尔加河考察民情和写生，画了很多纤夫真实的形象和素材，创作完成了这幅世界名作。

《伏尔加河上的纤夫》这一伟大的批判现实主义油画杰作，寄托了列宾对下层人民群众悲惨生活的同情，也是他民主主义革命思想最初的艺术体现。

2.《伏尔加河上的纤夫》的创作背景

19 世纪中后期，俄国动荡不安，虽然颁布了废除农奴制度的法令,但由于封建剥削制度根深蒂固,底层人民依旧生活在水生火热之中。伏尔加河是俄国的母亲河,在俄国的经济中占有举足轻重的地位。《伏尔加河上的纤夫》展现出十月革命前俄国底层人民生活悲苦的一面,其不仅需要战胜自然带来的环境挑战,还要对抗社会的黑暗。画作表达了列宾对底层人民生活的怜悯和对社会环境的担忧,体现了时代性和社会性。

3.《伏尔加河上的纤夫》的画面结构与细节

《伏尔加河上的纤夫》整个画面都呈横向方向伸展,画作中11位纤夫、纤夫后面的船、天空、伏尔加河面与河岸都有着横向的特性,从背景开始,到船,再到纤夫,场景由远及近、近大远小,形成一个横向运动性的队列。作为画面的主体,纤夫的队伍是密集的,作为一个整体形成了向前的"势",这种密集感和他们背后江天一色的空旷感形成了疏密对比,进一步衬托了主体,给人强烈的冲击感。《伏尔加河上的纤夫》运用蓝、绿、紫、棕等颜色描绘天空和水面,与人物色彩形成了鲜明的对比。

画面中一队蓬首垢面、衣衫褴褛的纤夫拖着沉重的脚步拉着货船,在酷日下精疲力竭地向前挣扎。他们中大多数人的衣衫破烂，画面色彩单调，只有黑白灰的层次，仅有一个少年身着红衣，将人们的视线集中到画面中间。纤夫有老有少，贫苦艰辛，象征着俄罗斯农民的过去、今天和未来。岸上一节早已枯萎风干的植物枝条和旁边残破的箩筐，象征纤夫的命运未卜。天空、水面和沙滩之间并没有明显的界限，仿佛在暗示人们：美好的生活似乎离这些纤夫近在咫尺却遥不可及。黄色的色调烘托出天气的炎热和干燥，沉闷的空气让人透不过气，失望也慢慢笼上心头，这些都在渲染悲剧性色彩，表达对当时社会无声的控诉。

（1）俄罗斯国家博物馆网址：http://en.rusmuseum.ru。

（2）其他藏品推荐：①《温柔圣母》；②《保罗一世肖像》；③《庞贝城的末日》；④《爱神维纳斯》；⑤《蓝色山脊》。

（本篇编写：张寒欣）

四、缪斯之珍品堂

雅典国立考古博物馆之阿伽门农面具

一、雅典国立考古博物馆简介

雅典国立考古博物馆，位于希腊首都雅典欧摩尼亚广场新古典主义建筑中，建造于1866年，1889年完工，由兰格设计，最终由恩斯特·齐勒建造完成（见彩图6）。它是雅典最大、藏品最为丰富的博物馆，也是世界上颇为重要的博物馆之一。建造之初它只是为了接收部分地区19世纪的文物发现，后来逐步以国立考古博物馆的形式接收来自希腊各地发现的文物。现有展品已经超过11 000件，其丰富的藏品资源为参观者展示了从史前到古希腊晚期整个希腊文化的发展全景，是一个集收藏、研究、保护、教育于一体的特色博物馆。

二、黄金面具的背后

1. "阿伽门农面具"简介

"阿伽门农面具"是公元前16世纪中期古希腊的

作品，高为20.5厘米，现收藏于雅典国立考古博物馆迈锡尼展示室。面具被发现时，挂于弥凯奈的A号王家区域Ⅳ号墓穴中逝者的脸部。

2."阿伽门农面具"的发现

一件稀世珍宝的发现总是出人意料，德国商人海因里希·施里曼就是那位发现奇迹的人。"迈锡尼文明"最初只存在于神话故事中，记载欧洲文明最早文字的《荷马史诗》，分为《伊利亚特》和《奥德赛》两个部分，记载了1 000多年前的故事。因为书中故事无法考证，所以人们一直认为书中故事只是神话。施里曼却不相信，他认为《荷马史诗》中的神话故事可能是真的，经过了多年的探宝挖掘，他真的在阿伽门农的故乡迈锡尼的"狮子门"城墙内发现了竖井墓穴，他判断这就是阿伽门农的墓穴，也就是在这个墓穴中发现了戴有金色面具的干尸和大量珍贵的随葬品。施里曼认为，这就是实施"特洛伊木马"计策的迈锡尼王阿伽门农的墓穴，所以他把在墓穴里发现的金色面具称为"阿伽门农面具"。

之后人们发现施里曼所说的"阿伽门农墓穴"是迈锡尼早期的墓葬形式，年代是在公元前16世纪，而阿伽门农的传说是在公元前13世纪，两者之间相差三四百年，所以，这个墓穴不可能是阿伽门农的，而是迈锡尼文明中某位贵族的墓穴。由此推论，黄金面具自然也就不是迈锡尼王阿伽门农的随葬品，只是这个名字被沿用至今。

3. "阿伽门农面具"的制作工艺和造型特点

"阿伽门农面具"是用整块金箔贴在逝者的面部，直接用木棍快速敲打而成的，对逝者脸部的轮廓、五官、表情的还原度很高，也是迈锡尼文明最好的见证。

面具展现的是一个有着胡须的男人脸庞，展示了逝者的容貌、表情以及脸部的较多细节。面具中的五官均匀对称，其眉弓和修长的鼻梁连接在一起，是典型的弥凯奈式样。面具中的眼睛微闭，没有睫毛，展现了逝者真实的样貌。嘴唇周围有非常精致的络腮胡，胡须的分布走向都被清晰地敲打出来。面具中的男人耳朵轮廓清晰，并放置在与脸部同一个平面上，耳朵的附近有两个洞，表明面具是用绳子固定在逝者脸上。面具整体精致完整，表情庄严肃穆，展现了迈锡尼文明高超的金箔工艺和独特的文化。

三、迈锡尼文明的权力之光

黄金面具的制作究竟有什么用途和意义呢？迈锡

尼文明很崇尚金器，实行了权力高度集中的君主制，黄金就是当时王权和财富的象征。在发现"阿伽门农面具"的迈锡尼墓葬中，出土了大量的黄金陪葬品。与黄金面具一样，这些陪葬品包括金冠、首饰、兵器等，甚至用黄金包裹逝者身体，这些黄金制品无疑在向后人展现着逝者身前的尊贵与不凡。所以，学者推测"阿伽门农面具"的主人虽然不是阿伽门农本人，但也应该是位部族首领或者国王级别的重要人物。

（1）雅典国立博物馆网址：https://www.namuseum.gr/en/。

（2）其他藏品推荐：①屋大维·奥古斯都青铜骑马雕像；②白底长油瓶；③春季壁画。

（本篇编写：龚祺星）

博物馆雅趣　漫步缪斯殿堂
"60岁开始读"科普教育丛书

五

缪斯之名人堂

张謇与南通博物苑

中国博物馆事业已经走过了 100 多年不平凡的历程。追根溯源,中国的第一座公共博物馆是南通博物苑,它的创建者是张謇。

张謇是近代著名的教育家,也是一位富有社会责任心和爱国情怀的民族企业家。1903 年张謇东渡日本,对日本的实业和教育进行了考察,明治维新给日本社会带来的巨大变化使他深受触动,作为学校教育补充的博物馆也给他留下了深刻的印象。

回国后,张謇两次上书清政府,建议在北京建立合博物、图书二馆为一体的博览馆,进而推行到各省、府、州、县,但清政府对他的倡议不予理睬,于是他决定凭借自己的力量创办一家博物馆。

一、创造博物馆的中国范式

博物馆最初作为西方文化的表征,代表了西方的文化系统和思维模式。具有近代意义的博物馆最早诞生在欧美。

为了让博物馆这种外来文化模式适应中国,张謇创造性地提出了"博物苑"这一东方博物馆新样式。中国古代虽然没有博物馆,但对古文物向有收藏的习俗,一般建有"古物库"、"积宝楼"等。戊戌变法时期,一些开明知识分子和官僚开始使用"博物院"一词,但多与藏书楼并列,分别收藏古器物和图书。张謇创办的博物苑并不是单纯收藏古物的场所,而是有着中国风格、中国气派的博物馆。张謇充分考虑了近代西方博物馆的性质和特征,借鉴了博物馆开放、展览、教育的基本要素,又把中国文化中古已有之的文物保存与收藏、园林等制式融入其中。

1905年,张謇以个人财力迁移荒冢3000余座,购地35亩,建立了中馆、南馆、北馆和东馆4个陈列馆,展示自然、历史、美术、教育4个部分的文物和自然标本,苑内还有鲜活动物、植物之养殖。漫步博物苑,不仅在建筑风格上体现了馆与苑有机的结合,而且随处都有中国文化因子的承袭,如张謇书写的"博物苑"石额和题语、"中馆"匾额,以及他集《孟子》、《论语》联句为南馆手书的楹联,浓郁的人文氛围令人心怡。张謇的这种精心构思,是将科学与人文精神相结合、历史文化资源与自然环境资源相结合、展品与景观相结合,从而开启了博物馆的本土化之路,也给中国人的文化习惯注入了新活力。

二、构想博物馆的国民教育

张謇"设苑为教育"的主张在南通博物苑的创建过程中得到了充分体现。在规划设计、制度保证、机制建立、环境营造、功能区分上,他采取了一系列措施。博物苑选址在南通师范学校"校河之西",目的是向学生公开开放,"为本校师范生备物理上之实验"。为此,张謇广泛搜集中外动植物、乡里金石、先辈文笔,以供学校使用。张謇亲自制图设计陈列柜,还专门题写悬挂于苑内主楼南馆的对联,"设为庠序学校以教,多识鸟兽草木之名",强调博物苑辅助学校教育的作用,用实物代替"圣典"。当藏品分部(类)时,原定3部,即天产(自然)、历史和美术,后特抽出有关教育的藏品另分出教育部。由此不难看出,张謇建馆思想的一个重要之点,是把博物馆的建设置于国民教育体系之中,使之成为教育的一个构成部分,担负起"辅益于学校"的社会教育功能。张謇的这一思想是体现时代性、富有前瞻性的制度创新,对后来的博物馆管理体制产生很大影响。我们重新审视百年前张謇提出的博物馆社会教育构想，的确振聋发聩，体现了其远见卓识，契合了现代博物馆的发展潮流。

三、糅合博物馆的古今记忆

百余年来，人们一想起张謇就会想起南通博物苑。张謇与博物苑这两个名字已经紧紧联系在一起。在张謇建馆100年后，南通博物苑的新馆于2005年建成，由两院院士、清华大学吴良镛教授领衔规划和设计，展陈面积为6 330平方米，位于博物苑南侧，沿博物苑原址形成两条轴线铺开。作为传统文化内涵和现代艺术整体性和谐统一的典型，新馆的设计和定位在布局与构造上体现历史与现实的衔接，兼顾传统与时尚的结合，在体量、高度、结构、人文内涵方面，与原有历史建筑和谐相融、交相辉映。

把南通博物苑的新馆建筑与一江之隔、几乎在同一时期设计建造的苏州博物馆新馆进行比较，发现两者竟然有十分惊人的相似之处——它们都处于国家历史文化名城的中心位置、全国重点文物保护单位的环境氛围，都运用散点式建筑群落的形式巧妙地与历史建筑相契合，既出新出彩，又与环境风貌相协调。只是苏州博物馆新馆置身园林苑囿，建筑相对集中，呈现一种向周边开放的态势；南通博物苑新馆地处街衢闹市，馆舍环伺周边，形成一个相对独立的空间。如果说苏州博物馆新馆馆舍犹如撒落在古典园林之间的珍珠，那么，南通博物苑新馆建筑群恰似镶嵌在千年濠河岸边的碧玉。吴良镛、贝聿铭两位世界级大师的精心杰作可谓异曲同工，堪称世纪经典。

小　贴　士

　　张謇在南通最早的私人住宅"濠南别业"位于南通博物苑内，这座始建于1915年的建筑开放了二、三两层。在对张謇故居进行复原展示的同时，南通博物苑也充分利用其建筑空间，设置了张謇生平展——"中国早期现代化的先驱——张謇"。该展览以图片形式展示了爱国主义实业家张謇高举"教育救国、实业救国"旗帜，筚路蓝缕、经营南通的事迹，反映了一位爱国志士艰苦而曲折的救国历程。

（本篇编写：毛倩倩）

五、缪斯之名人堂

贝聿铭与博物馆建筑

博物馆是一个带有浓重历史、科学、文化、艺术氛围的空间,承载着人类文明的积淀和回响。博物馆建筑本身也像艺术品一样,凝聚了设计建造者的心血和思考,如三角形的法国卢浮宫玻璃金字塔、融入自然山水的日本美秀博物馆、由几何形状构成的美国国家艺术馆东馆、充满立体主义风格的卡塔尔伊斯兰艺术博物馆、呈现苏州园林文化景观的苏州博物馆……著名的华裔建筑大师贝聿铭先生的作品遍布全球各地,他用极致简约的形式,创造出一个个丰富而灵动的博物馆建筑空间。

一、现代主义大师的家乡情怀

在现代建筑的历史上,贝聿铭被称为"最后一个现代主义大师",他一生完成了至少 170 个项目的设计,而他的每一个设计都能成为那个城市的标志。

贝聿铭始终坚持现代主义风格,将建筑在人格化的同时为其注入东方的诗意。在贝聿铭一生所设计的诸多作品中，他唯独将苏州博物馆亲昵地称为"我的小女儿"。因为他的家族在苏州生活了600余年，这里是他非常留恋的地方。当提及苏州博物馆的设计时，贝聿铭说："我之所以魂牵梦绕，是因为我是中国苏州人！"

贝聿铭曾说，在中国做建筑，不能想象不做园林。苏州博物馆便是现代建筑艺术与古典园林结合的典范。纵观苏州博物馆，你会发现它的建筑整体是围绕中央水池的矩形布局，且建筑高度都相当低，将建筑与园林融为一体。

我们都知道，苏州园林的特色就是移步换景，每一道门、每一扇窗外必有不一样的风景。因此，漫步在苏州博物馆，你还能看到种种奇妙的"借景"，在"虎丘宝藏"落地橱窗中有摇曳的竹林，过道中每一扇窗后都为我们展现出不一样的园林景致。

不单单在苏州博物馆，贝聿铭还把家乡苏州园林中的景观以及观赏方式带到了海外。他设计的日本美秀博物馆藏在深山之中，贝聿铭为它创造了一个诗情画意的入口。"缘溪行，忘路之远近"，进入美秀博物馆要先经过隧道和桥，顺着几道自然流畅的弧形弯道，映入眼帘的是苏州园林中经常出现的圆门,参观者能看到像扇面一样的画面,感觉豁然开朗……

从"环境"和"建筑"的关系上,可以看出贝聿铭的美学根源始终是中国的。在他童年生活的苏州,传统园林的设计就充分体现了几何图形的运用以及环境与建筑的融合。

二、传统与现代呼应的绝佳方案

在苏州博物馆内,处处可见的是贝聿铭经典的三角与光影。在馆内抬头仰望,就能发现屋顶的巧妙设计,立体几何玻璃天窗在屋顶的正中间,与斜坡的屋顶形成折角,使自然光以折射的方式进入博物馆。这不仅保护了馆中的展品不受阳光直射的伤害,又使博物馆内光线充足、明亮。"让光线来做设计"是贝聿铭的名言,就如同他设计的巴黎卢浮宫金字塔那样,光与空间的结合,使得空间变化万端,采用的玻璃与钢结构所构成的三角形符号,也是他建筑设计功力与现代建筑理念的卓越体现。

在当代社会,建筑风格越来越多元化,在更好地发挥建筑的文化载体功能的同时保持建筑本身的艺术性,成为当代设计师面临的重要问题。贝聿铭建筑设计的创新使人们认识到"传统与现代融合"的可能性。在苏州博物馆的设计中,贝聿铭结合了现代设计理念,呈现出简洁的建筑风格,把石头作为绘画素材,以墙壁为纸张,展现了一幅充满立体感的"画卷";主庭院的水池作为建筑空间中的留白设计,倒映着人们走动的身姿,与博物馆前静止的山水形成对比,一静一动,充满艺术的魅力。

　　博物馆的收藏不是越多越好,建筑也不是越大越好。如今,越来越多的人开始注重博物馆的独特性,也就是它能否带来出乎意料的美。"艺术、历史和建筑是合为一体、密不可分的。"贝聿铭将自己对故乡的深情,对中国文化、几何形体的热爱,以及对自身中国血统的自豪,都融合在一幢幢博物馆建筑里。这不仅是他对于建筑精神层面的探索,也是他把中华文化融入现代建筑体系的尝试。

　　1968年,贝聿铭在纽约设计了他的第一个艺术博物馆——埃弗森艺术博物馆。这是一座

可以作为雕塑作品去欣赏的建筑物，人们可以从多个角度去发现其形式美与空间美。

1973年，贝聿铭设计的赫伯特·约翰逊艺术博物馆建成。建筑以其独特的混凝土立面而闻名，评论家将其比作一台巨型缝纫机。该博物馆于1975年获得美国建筑师协会荣誉奖。

1974年，贝聿铭完成了一个具有挑战性的博物馆项目——美国华盛顿国家美术馆东馆。它是西馆的延伸部分，设计场地是一个非常普通的小梯形地面。贝聿铭的设计是"在梯形上绘制一条对角线并产生两个三角形"，等腰三角形成为建筑物的统一主题。东馆以其"H"形立面、尖角和开放中庭而闻名，已被选为美国十佳建筑之一。

1978年，贝聿铭设计的印第安纳大学美术馆建成。它由两个侧翼组成，一个在地面上为梯形，另一个为三角形，两翼由中央三角房相连。中庭具有宏伟的楼梯和混凝土表面，网格玻璃天花板将自然光引入高耸的中庭。

1990年，由于卢浮宫已日渐陈旧，贝聿铭对其金字塔、玻璃和石头的元素进行了重新诠释。他设计的德国历史博物馆的扩建部分，以其裸露的玻璃螺旋楼梯而引人瞩目。贝聿铭在接受德国报纸《时代周刊》采访时说："这种建筑应该吸引人们充满好奇和愉悦地在整个建筑物中穿行。"

（本篇编写：毛倩倩）

洛克菲勒家族与纽约现代艺术博物馆

　　"二战"之前，欧洲人一直把美国看作文化沙漠，认为美国人是一群粗鄙不堪、四处招摇的暴发户。但是，一群"土豪"凭借自身的战略眼光和决心，以强大的经济实力为后盾，经过精心策划和运作，仅用了二三十年时间就动摇了欧洲数百年呕心沥血构建起来的美学体系，努力把美国塑造成当代西方艺术美学体系的创造者和标准制定者，成为西方文明史上文化崛起的奇迹。这一切除了宏大的战略眼光和有效的推广手段外，还应归功于一套专业化、系统化、商业化和市场化的艺术赞助体系，这都离不开一个大名鼎鼎的家族——洛克菲勒家族。

一、从积累财富到慈善赞助

洛克菲勒家族曾驰骋商界、政界、慈善界和艺术界。标准石油公司、洛克菲勒基金会、芝加哥大学、纽约现代艺术博物馆，以及在"9·11"事件中倒塌的世贸大楼……翻开美国史，洛克菲勒家族无处不在。老约翰·洛克菲勒虽然聚敛了巨额财富，但自己的生活非常俭朴。令人难以置信的是，像他这样惜金如命的资本家，也是美国历史上最大的慈善家。在20世纪20年代，他成立了世界上最大的慈善机构——洛克菲勒基金会，对美国乃至全世界的艺术、教育、医疗、卫生等事业进行有选择的资助。

二、超级富豪与艺术赞助者

1884年洛克菲勒举家迁往纽约居住。当时10岁的小约翰参观了收藏家本杰明的陶瓷收藏,从此对清代康熙瓷器的装饰风格着了迷。后来,他的妻子艾比则痴迷于亚洲地区的佛造像艺术,两人对艺术的情有独钟也让他们情投意合。洛克菲勒家族的艺术收藏之路开始一发不可收拾,家族6代共收藏17万件艺术品,其中包括油画、瓷器、家具在内的众多古董,收藏体量达千亿级别,堪称"世界第一收藏家族"。

即便拥有如此规模的私人家族收藏,他们并没有将这些艺术品看作自家的财产,反而说自己是"艺术品的保管者"。为了支持现代艺术,1929年时艾比捐出了位于曼哈顿的豪宅,创立了最早的纽约现代艺术博物馆,该馆于同年11月8日正式开幕,并开放给公众参观。通过纽约现代艺术博物馆的平台,洛克菲勒家族周围聚拢了一批热爱现代艺术的艺术家和评论家,利用洛克菲勒兄弟基金会的赞助,他们共同策划并推广了一大批抽象表现主义画家的作品,美国的当代艺术蓬勃发展起来。该基金会对美国艺术展览的大力支持,也让世界各国开始了解美国在现当代艺术方面所取得的突破和成就,美国现当代艺术的国际地位日益稳固。

三、对艺术热爱的传承

小约翰·洛克菲勒与妻子艾比共养育了6个子女，在热爱艺术的父母的熏陶下，这些孩子都表现出对艺术的浓厚兴趣。

约翰·洛克菲勒三世把艺术收藏当成第一重要的事情，作为家族传统的商业贸易反而总是游离在他的生活核心之外。20世纪60年代，他与妻子佩吉已成为亚洲和美国艺术品的重要收藏者。

约翰·洛克菲勒三世的弟弟大卫·洛克菲勒在艺术品收藏方面同样毫不逊色。据《纽约时报》报道，大卫拥有约15 000件藏品，美国国家电视台估算这些藏品价值总额超过5亿美元。大卫·洛克菲勒对于现代主义及抽象艺术十分欣赏，除了收藏，他也一直在捐赠。在他100岁生日时，他向纽约现代艺术博物馆捐赠了1亿美元现金，创造了当时的捐赠纪录。在该博物馆馆藏的作品中，塞尚、高更、马蒂斯和毕加索的作品悉数来自这位收藏家的捐赠。大卫·洛克菲勒说道："这些曾为我和妻子佩吉带来无比愉悦的藏品将再度与世人分享，希望其他藏家能像我俩一样，从藏品中找到我们过去数十载所获得的那股快乐与满足感。"可以说没有洛克菲勒的慷慨捐赠，纽约现代艺术博物馆就不会取得现在的成就。

对艺术的热爱代代相传，支撑着洛克菲勒家族的收藏事业。如今，洛克菲勒家族已经至第六代，他们仍然活跃在各个领域并一直保持着对艺术收藏的热爱。除了建立和赞助现代艺术博物馆，洛克菲勒家族还具有极其丰富的个人收藏。他们在艺术方面世代的努力，为人类留下了一笔宝贵的艺术财富。

（本篇编写：毛倩倩）

美第奇家族与乌菲兹美术馆

如果一定要选择一家博物馆来代表整个文艺复兴时期的历史，那么，只有乌菲兹博物馆能当此殊荣。乌菲兹美术馆位于意大利佛罗伦萨的乌菲兹宫内，是世界三大美术馆之一，也是世界上最早建立的博物馆，素有"文艺复兴艺术宝库"之称。无论是西方艺术史还是世界博物馆史,乌菲兹美术馆都是其中不可或缺的一章。

一、美第奇与佛罗伦萨的文艺复兴

谈到文艺复兴,就不能不谈到佛罗伦萨。而谈到佛罗伦萨,就不得不提到美第奇家族。乌菲兹美术馆与声名显赫的美第奇家族有着极深的渊源。

意大利文艺复兴的中心城市是佛罗伦萨。当时的佛罗伦萨在名义上是一个民主城邦,实际上美第奇家族在佛罗伦萨实行僭主统治,其一方面统揽大权,另一方面也力图讨好民众。因此,美第奇家族花费了大量金钱建造公共建筑、美化城市、组织游行和狂欢节。

美第奇家族有爱好文化和艺术的传统,意大利文艺复兴时期众多艺术巨匠大多在美第奇家族的支持下完成其艺术杰作。在西方建筑、绘画、雕塑史上重量级的天才人物,如达·芬奇、拉斐尔、米开朗基罗等,他们往往在美第奇家族的支持下进行创作,或者至少与美第奇家族有密切关系。例如,达·芬奇和米开朗基罗早年就在美第奇宫中生活;波提切利则是洛伦佐·美第奇的少年伙伴,其成名作《三博士来朝》正是为他而作，波提切利的代表作《维纳斯的诞生》和《春》也是为洛伦佐的堂兄所作的。可以说这个家族赞助了从米开朗基罗到伽利略几乎所有文艺复兴时期的艺术和科学天才。

在美第奇家族当权的 400 年里，他们从没有停止对艺术的欣赏和赞助，这也使得美第奇家族在艺术史上留下了不朽的美誉。虽然不能说没有这个家族，就没有文艺复兴，但如果没有这个家族，那文艺复兴的面貌必然会大大改变。

二、充满艺术氛围的"办公室"

在美第奇家族执掌佛罗伦萨期间，城市大量兴建学院、教堂、修道院……此外，他们还大量收购私人艺术珍品、古玩典籍，收藏了数不胜数的奇珍异宝。

为了陈列这些藏品，科西莫·美第奇（美第奇家族第二代传人）将新置的皮提宫一层改造为古物所，专门用于陈列大型雕塑，同时命令当时著名的建筑师乔尔乔·瓦萨里（也是米开朗基罗的得意弟子）设计建造佛罗伦萨公国政务厅——乌菲兹宫（意大利文"uffizi"一词相当于英文"office"，是"办公室"的意思）。乌菲兹宫的建筑风格极具特色：它实际上是平行的两栋狭长的 3 层建筑，中间以走廊连接，整栋建筑呈现出独特的"U"字形，并列的两幢主楼与一座横向的过街楼形成一个庭院式广场，南边紧挨阿尔诺河，北边又通向市政广场。它是一栋高大雄伟的石质建筑，装饰并不繁复，却有着文艺复兴时期特有的优雅和华丽。

乌菲兹宫最为著名的就是两座主体建筑之间那条为模仿城市街道而设置的狭长走廊。这条走廊既长又窄，两侧的建筑又如此高大，置身其中仿佛走在舞台中央。有许多建筑史学家认为，这是欧洲第一条"经过规划的街道"，其理念也影响了 T 型台的发明。走廊的两侧是典型的罗马建筑：底层有柱廊和拱门，托斯坎尼式圆柱成双间隔排列，将底层的走廊勾勒得威严庄重；其上是 3 个一组的夹层楼窗，用米开朗基罗式的卷涡形托石隔开；再往上是带栏杆的窗。两栋主体建筑之间仅凭一个高大的拱门联系起来，拱门之上有廊桥供人行走。

乌菲兹宫的建造体现出科西莫一世的统治策略。这座政务厅被设计成开放式、不设防的建筑，并刻意低调，彰显着大公对共和国精神的继承以及对自己统治的自信。

三、汇聚大师杰作的艺术殿堂

1581年,这项庞大的工程正式竣工,皮提宫的藏品被络绎不绝地搬进乌菲兹宫,这座宫殿成为名副其实的"乌菲兹画廊"。同年,科西莫之子弗兰西斯一世把乌菲兹宫的顶楼改成画廊,画廊最初是一个"充满了雕塑、宏伟的绘画和美不胜收的稀世珍宝"的场所。

从整体上看,乌菲兹宫的一层是回廊,两侧的方柱上刻有不同的像龛石雕。主体建筑的第二和第三层共有46个画廊,收藏了约10万件名画、雕塑、陶瓷等,是世界上规模很大、水平很高的艺术博物馆之一。藏品大部分是13—18世纪意大利派、佛兰德斯派、德国及法国画派的绘画和雕刻。展品按时代顺序和流派陈列,因此从中既可以看到意大利艺术发展的趋势,也可以概括地了解世界艺术,特别是绘画艺术的各种流派。

在乌菲兹宫内有一个八角形大房间,它是美第奇家族重要的艺术品陈列室。由弗兰西斯一世委托布翁塔伦蒂设计,于1584年完工。也就是说,从弗兰西斯一世开始,乌菲兹宫就初步展现其博物馆的职能。

300 年间，美第奇家族成员把从各地搜集的艺术品集中到乌菲兹宫，形成了这样一个"乌菲兹美术馆"，其藏品之丰就连 1796 年拿破仑远征意大利见到该馆的藏品时都垂涎三尺，只是由于它是公共财产，因此拿破仑未敢将其征收。

乌菲兹美术馆以美第奇家族藏品为基础，加入了佛罗伦萨艺术协会、银行家协会、教会、修道院和许多私人收藏家捐献的艺术品，形成了博物馆收藏文艺复兴艺术品最为丰富的特色。幸运的是，洛林家族接管佛罗伦萨之后继续在乌菲兹美术馆收集并展示其他的艺术品，进一步丰富了乌菲兹美术馆的藏品类型。

今天，在乌菲兹美术馆检票口前依然可以看到美第奇家族的历代塑像，雕刻家尽力留存了他们昔日的神采，他们"镇守"在楼顶，是这座博物馆的守护神。值得一提的是，乌菲兹美术馆的藏品没有一件是掠夺来的，这是很令人钦佩的。

（本篇编写：毛倩倩）

柯南·道尔与福尔摩斯博物馆

相信有不少人都听说过"大侦探福尔摩斯"。在"世界侦探小说之父"阿瑟·柯南·道尔爵士的笔下,夏洛克·福尔摩斯是一位无所不能的探案高手,他和助手华生一起侦破了无数惊心动魄的案件,用他敏锐的推理头脑和非凡的传奇故事,为贝克街221B号蒙上了一层神秘的色彩。

一、真实的贝克街与虚构的门牌号

柯南·道尔1859年生于苏格兰爱丁堡,毕业于爱丁堡医科大学,行医10余年后开始写小说,结果一发不可收拾。

柯南·道尔一生在伦敦只住了几个月,但伦敦在他生命中留下重要印记的场所,基本都投射到了福尔摩斯的虚拟世界。1887年,柯南·道尔在伦敦首次发表了侦探小说《血字的研究》,以退伍军医华生的视角讲述了居住在贝克街221B号的私家侦探夏洛克·福尔摩斯的故事,而被设定为医生的华生,完全可以说是柯南·道尔的化身,让作者得以在真实与虚拟的平行世界中游刃有余地穿行。

为了向柯南·道尔创作的虚构人物夏洛克·福尔摩斯致敬,1990年,人们不仅在贝克街建立起夏洛克·福尔摩斯博物馆,还将写有"221B"的门牌号挂在了博物馆门前(见彩图7)。由于真正的221号已名花有主,福尔摩斯博物馆的馆址选在了不远处的231—247号,而伦敦政府也默认了这个"号不符实"的门牌。至此,福尔摩斯才真正成为贝克街的"住户"。

二、漫步于虚幻与真实之间

福尔摩斯博物馆所在的建筑是一座始建于1815年的4层乔治亚风格联排别墅,按照柯南·道尔在小说中的描写,大侦探是在1881—1902年间居住于此。现在福尔摩斯博物馆被列为保护建筑和文化遗产,拥有一块蓝色牌匾以纪念福尔摩斯"居住"时期。

博物馆在保留原有住房结构的基础上,对福尔摩斯住所进行了高度还原。参观者带着满怀期待的心情进入福尔摩斯家时,将会欣喜地发现室内的布局和装饰与书中的描写一模一样，参观时就如同在大侦探的家中做客一般。

跨过17级楼梯，再经过一条窄窄的过道，映入眼帘的是一个玄关，玄关的墙壁上挂着两顶帽子，分别属于大侦探福尔摩斯和华生医生。继续往里走，只见通往二楼的楼梯尽头，站着一位身着维多利亚时期的服饰、身材微胖的女士，她正在笑容可掬地向参观者打招呼，定睛看去原来是小说中的房东"哈德森太太"。

二楼是福尔摩斯和华生共用的书房和起居室，参观者在其中可以看到燃烧着木柴的壁炉、米白色的扶手椅、桌上随意摆放着的烟斗和放大镜、被书本遮掩着的左轮手枪，墙壁上还有被福尔摩斯用枪打出的弹孔，甚至壁炉上的波斯拖鞋里还藏着大侦探的烟。书房里还有在各种案件中屡次帮助福尔摩斯找寻线索的"化学实验室"，所有的化学精密仪器都被放在一张书桌上。这位心思缜密的大侦探拥有精深的化学知识，如果不做侦探的话，完全可以成为杰出的化学家。以至于在2002年，英国皇家化学学会将"荣誉研究员"的称号授予了福尔摩斯，以表彰这位柯南·道尔笔下的虚构人物在化学知识普及和应用上的功绩。福尔摩斯也因此成为了世界上第一位、也是唯一一位获此殊荣的虚构人物。

三、世界上最早的"网红打卡点"

福尔摩斯是世界文学史上有名的小说人物形象之一，也是全世界范围内被搬上荧屏频率很高的虚构形象之一。可以说自柯南·道尔以贝克街为背景、赋予福尔摩斯"生命"的那一刻起，贝克街就成了"世界上最早的打卡景点"，福尔摩斯也以其独特的个人魅力影响着这个世界的方方面面。贝克街221B号至今仍会收到许多从全世界发来的"福尔摩斯先生亲收"的信件，这亦是在向柯南·道尔这位伟大的作家致敬。

福尔摩斯博物馆陈列了世界各国人民寄到这里的写给福尔摩斯的信件。除了问候类信件之外，有些信件甚至请求福尔摩斯帮助破案。有趣的是，有不少福尔摩斯迷在向贝克街221B号寄信后，还能收到来自福尔摩斯和他的助手的回信！

（本篇编写：毛倩倩）

赖特与古根海姆博物馆

弗兰克·劳埃德·赖特是20世纪美国最伟大的建筑师，古根海姆博物馆、约翰逊蜡像馆、流水别墅等都是他的杰作。他的建筑重新定义了可能性，在世界范围内享有赞誉。

一、建筑大师赖特的"有机建筑"

赖特出生在美国的威斯康辛州。"威斯康辛"的名称来自印第安语，意为"草地"。赖特童年时期在农场生活，这段经历也使他深深地爱上了自然。他感悟到蕴藏在大自然的神秘力量和生命流动，体会到大自然固有的旋律和节奏。赖特后来回忆，在那里他领悟到展现建筑风格的秘诀。

古根海姆博物馆是赖特在1943—1959年设计并主持建造的最后一个重要项目。1957年，赖特在古根海姆博物馆的工地上宣称："这里的一切都是同一件事物，是一个整体，而并非是由一个个组件堆砌而成的。这是我一直以来所致力于实现的理念。"赖特提到的"理念"，就是他在长达70年的职业生涯中一直倡导的设计思想——有机建筑，这种"与自然和谐共生"的设计理念，其实与中国哲学"天人合一"的思想不谋而合。

二、一座"无限生长"的博物馆

古根海姆博物馆的外观是一个层层相叠且螺旋向上的白色钢筋混凝土圆柱。外部曲线引人注目，内部更是呈现出令人惊奇的效果。关于博物馆内部的设计，赖特曾提出"一个连续坡道上的巨大空间"，他的这个概念最终大获成功。

走进建筑内部，首先映入游客眼帘的是一个巨大中庭，沿着中庭环绕着一个连续伸展的坡道。赖特用一个螺旋形坡道构成了主要的展览空间，一层"流入"另一层，博物馆的陈列品就沿着坡道的墙壁悬挂着，观众边走边欣赏，在不知不觉之中就走完了6层高的坡道，连贯楼层外加"俯视"着开放中庭的层层坡道，使处于不同楼层的观众之间产生了互动。

　　这个巨大的螺旋体展厅下部小、上部大，用于展示的墙板略向外倾斜，挂在上面的画作，其观赏角度与画作放在画家画架上的角度相吻合，其中的微妙只有在现场才能体会。当这个螺旋不断向上形成曲线之际，它的直径设计在每个层面上都考虑了采光这一重要因素，自然光线透过玻璃穹顶照射下来，如同画室中的天光，柔柔地散布在空间中，创造了一种异常平静且安详的、没有干扰的氛围。在这幢"艺术教堂"中，赖特计划让游客穿过艺术品漫步，而这条艺术之路犹如城市中超级车库里的车道那样延伸，通过一个开敞的螺旋形来围绕中央空间。

三、摆脱常规的构思与设计

　　古根海姆博物馆拥抱着自然，无论是取自周边环境的建筑材料，还是与风景融为一体的建筑结构和景观设计，赖特将建筑与自然的和谐、统一奉为准则，正如古根海姆博物馆的建筑是由三角形、椭圆形、弧形、圆形和正方形合成的"交响乐"，各种形状无处不在、相互呼应。

与一般博物馆的参观路线相比，赖特的设计颇为新颖，也颇有创意：让参观者从底楼乘电梯到顶楼开始参观，一边沿着连续不断的缓缓坡道慢慢走下来，一边悠闲地欣赏艺术品。圆形大厅非常开阔，在不同的楼层上，可以同时看见多个分隔间中的艺术品。

（本篇编写：毛倩倩）

博物馆雅趣　漫步缪斯殿堂
"60岁开始读"科普教育丛书

缪斯之行走堂

32 上海苏州河沿岸民族工业文明之旅

根据《苏州河沿岸地区建设规划（2018—2035）》，苏州河沿岸将被打造成"特大城市宜居生活的典型示范区"。苏州河沿岸是上海民族工业的发祥地之一，蕴含着多样化的人文底色、海派文化、工业文明。那些记录着民族工业历史演变的博物馆、活化后的历史建筑，可以让人感受到民族工业发展的历史感和厚重感。

【苏州河工业文明展示馆】苏州河工业文明展示馆位于上海眼镜厂原址。2021年，上海以城市更新为契机，在实现苏州河水岸贯通之后，对苏州河工业文明展示馆进行了改造提升。苏州河工业文明展示馆的室内展厅共分"回眸：苏州河的历史记忆"、"扬帆：苏州河的工业丰碑"、"远航：苏州河的创新发展"3个展区，通过文物展品、场景复原、光影互动、文创体验等形式，展示馆全景式呈现了苏州河畔从近代工业热土到创新宜居乐土的嬗变历程。

六、缪斯之行走堂

【长风商标海报收藏馆】长风商标海报收藏馆原址位于苏州河沿岸的上海火柴厂老厂房旧址，馆址前身为上海印染机械厂老厂房，是20世纪30年代人字木梁后工业建筑。展馆面积为1 180平方米。馆藏藏品涉及火花、烟标、酒标、电影海报、老商标和老器物6类，共计30万种、3 000万件。所有展品都是原件，没有一件复制品。时间跨度从清朝末年、民国初年到改革开放初期。长风商标海报收藏馆通过商标海报这个独特的视角，呈现了中国近现代百余年来历史、人文、政治、经济的沧桑巨变，具有丰富的展览价值和研究价值。

【上海纺织博物馆】上海纺织博物馆位于原上海申新第九纺织厂旧址。展示面积为4 480平方米，博物馆通过实物、资料、场景、图文、模型、多媒体等，把握住上海地区纺织业发展的历史文脉，展示了上海纺织工人阶级在中国共产党领导下积极参与革命的雄壮历史，以及上海纺织工人在社会主义建设时期的光辉业绩，演绎了上海纺织悠久的产业历史和文化。

【裕通面粉厂宿舍旧址】1926年，裕通面粉厂筹备建成，由朱幼鸿在其所办裕通纱厂的原址创设。1954年，在上海市粮食局领导下，面粉与碾米两个行业结合起来进行经济改组，裕通面粉厂转业碾米。目前，一家知名咖啡连锁店选址于此，它采用海派建筑标志性的清水红砖修筑而成。门店保留了这幢老建筑的清水砖墙节点、格架门窗等建筑装饰元素，在空间内部创造出新旧交融的场景。

【上海总商会】1912年，上海总商会正式成立，由上海商务会所和上海商务总汇合并而成。总商会大楼建于1913—1916年，为当时中国首创。仪门仿罗马梯铎凯旋门式样，大楼是当时显赫的工商界名流的聚会之地。总商会成为民营经济社团中心，会员主要来自银行业、航运、房地产、纺织、棉花、保险、蚕丝、茶叶、面粉、进出口、五金等行业。到20世纪20年代中期，上海总商会已有500多名会员，他们共同资助了救灾和战后工作，制定了中国第一部商业法，并推广了"中国制造"的产品。此外，中国第一家商业图书馆、第一代工商业企业家都在这里孕育诞生。1929年，上海总商会被当时的政府解散。2012年，荒废多年的总商会大楼启动修缮工程。在总商会大楼修缮中最重要的一步是将加建的楼层拆除,按照历史样式、坡度、高度、屋面瓦尺寸及色彩恢复原有的山墙和坡屋顶。对室内空间也进行了修缮,如对楼梯的木质栏杆和地板以及公共区域地面的马赛克拼花进行了人工修葺铺设。

(本篇编写:庄瑜　龚陆瑶)

澳门行业博物馆之旅

澳门占地约为 32.9 平方千米,人口约为 60 万,经历了 400 多年的东西文化交融,拥有 30 余家博物馆,形成了独特的历史文化风貌,能为不同的人群提供有意义的文化体验。行业类博物馆是澳门博物馆中一道独特的风景线,既涵盖了传统行业的博物馆,如鲁班先师木工艺陈列馆、典当业展示馆、沙梨头更馆,也有具备现代城市行业特征的手信博物馆、消防博物馆等。

【鲁班先师木工艺陈列馆】上架行会馆是澳门较早成立的行业会馆之一，鲁班先师木工艺陈列馆就位于上架行会馆内。馆内大殿展示了一个大型鲁班锁，展示了近百种传统工具，如锯、刨、钻、墨斗等，陈列了以卯榫结合制作的建筑构件。陈列馆还播放关于工具使用方法的木工艺影片，在充分展现前人智慧的同时，提升公众对传统行业及行业会馆的认识。

【澳门典当业展示馆】澳门的典当业经历了400多年，是澳门古老的行业之一。澳门典当行业展示馆设立在一家名为"德成按"的当铺内，该当铺是澳门现存当铺中建筑结构较为完整的一家。澳门典当业展示馆根据德成按的图纸将建筑物重新修复，按照老照片进行了原景再现，使昔日当铺的经营场景再现眼前。入馆门票即为一张当票，参观者入馆后就能看到当铺高高在上的柜台，之后每处都可以看到典当铺里各岗位所需的工具、票具、记录等，能原汁原味地了解典当业的工作模式和操作流程。在主建筑的后方，是储存受押物品的货楼。

【澳门沙梨头更馆】打更是我国古代夜间的一种

报时工作，兼具提醒居民防火、防盗的作用，但随着城市的现代化进程，该行业逐渐消失。沙梨头更馆是澳门硕果仅存的更馆建筑，为旧时沙梨头地区打更人的休憩处（见彩图 8）。通过历史照片、实物展品、艺术绘画和修复后的更馆建筑，沙梨头更馆将旧时打更人的工作场景、物件予以再现，呈现他们日常生活中的形态与变迁。

【澳门手信博物馆】手信是澳门人日常生活中自食或赠礼的重要物件，产品类型主要有杏仁饼、老婆饼、花生酥、鸡仔饼，几十年的品牌传承成为澳门人舌尖上抹不去的美食文化印记。1997 年创立的钜记饼家是澳门手信业的传奇，澳门手信博物馆正位于钜记饼家的一家店铺内，馆内收藏了 150 多件与澳门手信行业有关的物品，包括价目表、包装纸、盛载器皿等，百余年间与手信有关的文物汇聚在一起，可以帮助公众了解昔日澳门手信业的奋斗史，也是对旧时光的一份敬意。

【澳门消防博物馆】澳门消防博物馆位于一座具有南欧建筑风格的建筑物内，馆藏 700 多件展品。19

世纪末、20世纪初的手摇水泵，20世纪50年代的消防车都陈列在主展厅。内厅设有澳门消防局位于连胜马路的中央行动站扩建后的模型、历代消防帽及水靴、报火警钟、水井木牌、钩梯、多款消防员呼吸辅助器、澳门历年分布于街道的消防栓以及模拟澳门木屋区大火场景等展品。另有一些介绍日常消防运作、救火知识等教育短片，能够让参观者进一步了解火灾的危害、掌握必要的自救逃生技能。

（本篇编写：庄瑜）

法国印象画派艺术之旅

工业革命带动经济飞速发展，法国社会呈现出一片太平盛世的景象。这段时期被称为"美好时代"，注重光影和色彩的印象派就是在这一时期崛起的。印象派发源、成长于巴黎郊外的巴比松，从早期卢梭、库尔贝和米勒等人的试水，到奠基人马奈用《草地上的午餐》投石,莫奈用《印象·日出》召唤群雄,雷诺阿、德加、毕沙罗等一批艺术家加盟,形成独立的艺术派别;再到后期新印象派的修拉,后印象派的塞尚、梵高、高更,让印象派的风格和理念深入人心。除了在美术馆里珍藏的旷世名作之外,那些给予画家灵感的小镇、居所、花园也成为人们体验实景版印象画作的物理空间。

【巴黎:奥赛美术馆】巴黎塞纳河左岸的奥赛美术馆,其建筑由奥赛火车站改建而成,被誉为"欧洲最美的博物馆"(见彩图9)。作为世界上印象派画作收藏最多的场所,奥赛美术馆收藏了包括莫奈、德加、雷诺阿、梵高、高更等艺术家在内的近代艺术品4 000多件,故又有"印象画派美术馆"之称。馆中藏有马奈的《草地上的午餐》、莫奈的《撑洋伞的女子》、德加的《舞蹈课》、雷诺阿的《红磨坊的舞会》、塞尚的《自画像》、高更的《海边的大溪地女人》、梵高的《自画像》、修拉的《马戏团》、西涅克的《井边女郎》等。其透亮的顶层是印象画派的殿堂,自然光下的展陈更能凸显画作的光影之魅。

【巴黎：橘园美术馆】橘园美术馆坐落于杜乐丽花园，该花园的建筑建于1852年，用于每年冬季将杜乐丽花园的橘子树移植于此避寒，因此该建筑被称为"橘园"。这座美术馆展示印象派和后印象派画作，因其收藏了著名的印象派大师克劳德·莫奈的8幅大型壁画《睡莲》闻名。《睡莲》无疑是旷世奇作，展开的是一幅近百米长的睡莲、柳枝、树影、云影交映的水景。橘园美术馆对《睡莲》的独有的展览方式，创造了一个专门用于艺术沉思的空间，这对之后的艺术展览颇具启发性，因此这家美术馆被称作"印象派的西斯廷教堂"。

【巴黎：奥维尔小镇】这个古色古香、极具19世纪风情的幽静小镇是印象派的摇篮，留下了印象派的鼻祖多比尼、塞尚、毕沙罗和梵高的足迹，他们离开拥挤的巴黎，去外部世界寻找艺术灵感。小镇里的教堂、民居、花园，任何一个拐角都能让人驻足、流连忘返。小镇里有一个17世纪的城堡及"法国风格"的花园，城堡内部被改建成"印象派时代之旅"的博物馆，让人穿越到19世纪，沉浸式体验当年画家生活的场景。

【吉维尼：莫奈 @ 吉维尼的莫奈花园】莫奈是法国印象主义画派的代表人物和创始人之一，是印象派主要的倡导者和实践者。1883 年他首次从火车的窗户中看到了吉维尼村，随后便搬到了这个世外桃源。作为一位热爱风景画和户外场景的艺术家，莫奈对于大自然的理解天赋异禀，他并不刻意修建花园，而是依着花木自身的生长形态来设计花园，不仅高低错落，而且重视色彩的和谐，呈现出自然的视觉愉悦。吉维尼的花园很快成为这位印象派大师杰出艺术成就的创作源泉。著名的《睡莲》系列和《日本桥》系列都是以他在吉维尼的花园中产生的灵感来创作的。

【蓬图瓦兹：毕沙罗 @ 毕沙罗纪念美术馆】蓬图瓦兹是巴黎北部的一个小城，毕沙罗在这里住过一段时期，并创作了《蓬图瓦兹：埃尔米塔日的坡地》和《蓬图瓦兹密集城区的雪景》等作品。现在毕沙罗的故居成为毕沙罗纪念美术馆。毕沙罗是印象派的核心人物，也是最坚定的印象派艺术大师，其作品表现了纯净、简洁、敦厚和柔和，对许多艺术家产生了巨大的影响，包括莫奈、塞尚等。两层楼的美术馆中画作不多，藏有毕沙罗个人的画作和其学生的作品。

【莫雷小镇：西斯莱 @ 西斯莱故居】在巴黎东南70千米处，莫雷小镇一如既往的宁静，擅长风景画的西斯莱曾经在这里生活多年。如今他的故居已经易主，只有红漆门上的牌匾记录着过往的历史。擅长风景画的西斯莱移居枫丹白露森林东端卢万河畔的莫雷小镇后，在此创作了不少杰出的画作，代表作有《莫雷桥》和《莫雷教堂》等。毕沙罗曾表示，西斯莱是最纯粹的印象派画家，因为他坚守原初的作画理念——透过光与色彩的表现来捕捉自然风景瞬间的真印象。西斯莱自己也表示："莫雷，这个林木茂密、白杨高大的乡野，卢安河是那么的美丽、清澈而多变；就在莫雷，我的艺术在这里豁然开朗起来……我会永远留在这个风景如画的地方。"

【巴黎：雷诺阿 @ 蒙马特博物馆】巴黎蒙马特街区的柯尔拓街12号，在19世纪时是多个印象派画家的聚居地。这栋建筑物现在是蒙马特博物馆，其建筑物周围的3座花园也是博物馆的一部分，被命名为"雷诺阿花园"，用以纪念1875—1877年居住在这里的雷诺阿。雷诺阿在这里创作了他生平最负盛名的画作，包括《红磨坊的舞会》《秋千》《蒙马特科托街的花园》等。蒙马特博物馆虽然没有馆藏以上几幅画作，但它们都是基于花园的实景创作的，可以在花园里找到那几幅画的原景。

【埃克斯：塞尚@塞尚故居】 埃克斯曾经是普罗旺斯地区的首府，也是塞尚的出生地。当地人很用心地把塞尚的足迹归纳起来，写成一本《塞尚之路》，只要根据指引，通过地上标有"C"的铜牌，就会看到塞尚的出生地、上过的学校、经常光顾的颜料小店，还有他长眠的地方。塞尚故居是两层小楼，二楼是他的画室，光线自然而柔和，非常符合他有关创作的观点，即"线是不存在的，明暗也不存在，只存在色彩之间的对比"（见彩图 10）。

【阿尔勒：梵高@黄房子】 阿尔勒拥有古罗马遗迹，还有麦田、星空、彩色的房子和充沛的阳光。这座位于法国南部普罗旺斯地区的美丽小城激发了梵高的创作灵感，在阿尔勒时是他创作力最饱满的时期，他先后绘制了 200 多张作品（见彩图 11）。黄房子曾经是梵高在阿尔勒的居所，位于拉马丁广场，他租住了其中的 4 间房间作为私人画室和卧室，著名画作

《梵高的卧室》就诞生于此。黄房子附近的梵高咖啡馆原名"兰卡散尔咖啡馆",是梵高最常光顾的地方,目前仍然保持画作《夜间露天咖啡座》中的样子。阿尔勒当地用心地保存着梵高作品的实景地,并从绘画的视角摆放画作复制件,让参观者感受梵高眼中的阿尔勒,包括黄房子、罗纳河、汀克泰勒桥、梵高咖啡馆、罗马竞技场等。

(本篇编写:庄瑜)

英国工业革命之旅

18 世纪下半叶和 19 世纪,一场影响深远的经济大革命把世界带入工业时代,主要特征是以机器生产取代手工劳动,以工厂取代家庭作坊和手工工场,这场大变革被称为"工业革命"。工业革命首先在英国发生,最初从棉纺织业的机器发明与使用开始。20 世纪 80 年代,英国开始用其深厚的工业革命背景,在不同城市以博物馆或博物馆群的方式记录、挖掘工业遗产的文化宝藏。

【伦敦：英国伦敦科学博物馆】英国伦敦科学博物馆的历史可以追溯到1851年的万国工业博览会，博览会的展品被保留下来，并于1857年迁入了新建成的南肯辛顿博物馆。1893年南肯辛顿博物馆被拆分为维多利亚与阿尔伯特博物馆以及科学博物馆。艺术收藏被迁入前者，而关于科学与工程技术的展品被留在科学博物馆中。英国伦敦科学博物馆划分了农业、动力机械、电力、钢铁、纺织等约70个展厅，呈现了工业革命后人类科技发明史上重要的实物，如18世纪初的蒸汽机和火车、18世纪末的汽车、19世纪初的拖拉机和联合收割机等，用实物的方式说明工业和科学技术的发展历程，帮助人们了解工业革命的历史及其在改变世界方面起到的作用。

【曼彻斯特：曼彻斯特科学与工业博物馆】曼彻斯特科学与工业博物馆由两座巨大的维多利亚时代的仓库和全世界最古老的客运火车站（曼彻斯特—利物浦）组成。它的展品见证和记录了曼彻斯特从第一次工业革命兴起、传统产业衰落、向新时代转型的科技史，主题包括交通、能源、曼彻斯特污水排水设备、纺织、通信等。户外展区的铁轨和火车，展厅里大型的纺织机、工业革命生活场景的原景重现、仿排污管道而建的场馆，都让人仿佛回到了19世纪的曼彻斯特——这座凭借纺织业飞速发展起来的工业城市。

【利兹：利兹工业博物馆】 利兹工业博物馆由当时世界上最大的纺织工厂利兹纺织厂改建而成。利兹纺织厂拥有当时最先进的机器（如6台纺纱机），约100名工人。工厂关闭100多年后，它被用8年时间改造成了博物馆。利兹工业博物馆见证了世界纺织工业的发展，以及从农耕时期到电力的机械化时代发展历程，是纺织工业革命最直接的物证。博物馆有两条依据历史发展设计的参观路线：白线是英国工业革命的历史，从1605年开始；黄线是利兹工业发展的历史，从1591年起步。两条路线都会延伸到两侧的墙面或展品上，用来说明工业革命的过往历程。

【什罗普郡：铁桥峡谷博物馆群】 铁桥峡谷坐落在什罗普郡，位于英国第二大城市伯明翰附近的丘陵地区。"铁桥峡谷"得名于一座横跨塞文河的铁桥,它建于1779年,是世界上第一座铁桥。经过开发,峡谷一带废旧的工厂、作坊等,已经被规划改造成10座不同主题的博物馆,统称"铁桥峡谷博物馆群"。下属的瓷器博物馆、瓷砖博古馆、钢铁博物馆等,都有自己的作坊和车间,不仅能展示工业革命时期的制作工艺,还把产品拿出来销售。铁桥峡谷博物馆群拥有自己的考古团队,负责调查、收集、保护、展示从1650年到现在的各种物品,只要发现古迹线索,考古人员会马上介入,这样的考古发现不断扩大博物馆的内涵。铁桥峡谷成为英国首批被列入联合国教科文组织世界遗产名录的7个地点之一,也是世界对铁桥峡谷地区在工业革命中独一无二贡献的认可。

(本篇编写:庄瑜)

博物馆雅趣　漫步缪斯殿堂

"60岁开始读"科普教育丛书

缪斯之趣味堂

博物馆电影

电影已经成为人们日常生活中常见的娱乐消遣方式,许多博物馆通过电影这种方式走进大众的视线,如《末代皇帝》中的故宫博物院、《俄罗斯方舟》中的俄罗斯冬宫。博物馆越来越多地成为许多电影中出现的元素,而博物馆本身所蕴含的历史文化底蕴也为电影增添了许多奇幻色彩。

《博物馆奇妙夜》系列电影可谓最具代表性的以博物馆为题材的电影,是由肖恩·利维导演、本·斯蒂勒主演的奇幻喜剧电影。《博物馆奇妙夜》共分3部,充满奇幻色彩,那些"活过来"的博物馆展品更是让人眼前一亮。电影让人跟随赖瑞在世界著名的各个博物馆场景里穿梭,邂逅不同时代的历史名人,体验各国绚丽多彩的文化。

系列电影的第一部讲述了主角赖瑞为了挽救自己的生活、争取儿子的抚养权,成为了美国自然历史博物馆的夜间警卫。赖瑞本以为这是一份无聊的工作,但当夜幕降临时,博物馆内的展品都"活过来",由此赖瑞与博物馆内"活过来"的展品和文物发生了各种故事与冒险。

赖瑞工作的美国自然历史博物馆,是世界上规模最大的自然历史博物馆,也是美国的自然历史研究和教育中心。电影中那具活泼可爱的霸王龙骨架令人印象深刻,这具霸王龙骨架是美国自然历史博物馆颇具代表性的展品之一。1902年,著名的化石猎人巴纳姆·布朗在蒙大拿州的地狱溪发现了第一具霸王龙骨架。6年后,布朗在蒙大拿州的大干溪发现了另一具近乎完整的霸王龙骨架,这具名为"AMNH 5027"的霸王龙骨架,目前被放在博物馆的恐龙展厅展出。

在系列电影的第二部中,赖瑞因在美国自然历史博物馆出色的工作表现而用自己的名字创业,并取得巨大的成功。与此同时,博物馆迎来了展品更新,以往的展品将被运送到美国国立博物馆的档案室。赖瑞重新回到博物馆,为营救这些"同伴",遂出发前往华盛顿,故事由此展开。

第二部电影的场景从美国自然历史博物馆转向美国国家广场。广场位于华盛顿纪念碑和国会大厦之间,这片区域坐落着美国国家历史博物馆、美国国家艺术馆、美国航空航天博物馆等。

在电影中，当赖瑞来到美国国家艺术馆寻求帮助时，在他询问的对象中，有一个人们非常熟悉的身影——《思想者》雕像。《思想者》由法国雕塑家奥古斯特·罗丹创作，他塑造了一个健硕的男子，屈膝弯腰，右手托着下颌、握着拳头，神情悲壮地思考着，人们常常把它看作改造世界力量的象征。

在电影的另一幕，赖瑞为躲避反派追击而藏进一座古希腊神殿式的建筑，这座建筑便是美国华盛顿特区的标志——林肯纪念堂。它是为了纪念美国第十六届总统亚伯拉罕·林肯而建造的，纪念堂中央伫立着巨大的由大理石铸造的林肯坐像。

系列电影第三部的舞台走向国际。赖瑞为了排解"同伴"的异常，他们一同来到了英国的大英博物馆，他一边发掘提供神奇力量的黄金碑的秘密，一边与同伴在大英博物馆内展开了一段新的冒险。赖瑞与"同伴"初入大英博物馆时，博物馆著名的藏品埃尔金大理石雕塑便映入眼帘。这些雕塑是古希腊帕特农神庙的部分雕刻和建筑残件，人们能够看到古希腊文明被栩栩如生地雕刻在大理石上。跟随赖瑞的脚步，人们仿佛可以穿越回到那个久远的年代。

赖瑞为了破解古埃及黄金碑的秘密，来到了大英博物馆的埃及馆内。埃及馆最具代表性的展品是古埃及的罗塞塔石碑。罗塞塔石碑上刻有古埃及国王托勒密五世登基诏书的碑文，其成为解开古埃及象形文字之谜的"钥匙"。石碑最早是在1799年被一名法国士兵在埃及的港湾城市拉希德村发现的，后经战乱落入英国，被存放于大英博物馆。

近年来，博物馆的身影越来越多地出现在电影银幕上，除了成为电影的热点元素之外，还有许多纪录片或综艺片的创作人员到博物馆取景拍摄，这让博物馆的经济价值得到进一步挖掘。博物馆逐渐融入我们的生活，这些多元化的形式激发了大众对博物馆的兴趣，让博物馆不再只是冰冷的建筑，文物也不再只是被陈列在玻璃柜里，而是在某种意义上像电影中那样"活过来"了。

（1）美国自然历史博物馆官网：https://www.amnh.org/；

（2）美国国家艺术馆官网：https://www.nga.gov/；

（3）美国国家公园服务官网——林肯纪念堂：https://www.nps.gov/linc/index.htm；

（4）大英博物馆：https://www.britishmuseum.org/。

（本篇编写：莫小欣）

博物馆小说

博物馆，一个让普通的物品蕴含历史与情感价值的文化场所；小说，一种让平凡的故事栩栩如生、刻骨铭心的文学题材。二者的巧妙结合通过物品叙事勾勒丰满的人物形象，《纯真博物馆》正是这样一本博物馆小说。

七、缪斯之趣味堂

　　2008年出版的《纯真博物馆》是土耳其作家奥尔罕·帕慕克在2006年获得诺贝尔文学奖之后的一部重要的长篇小说。小说描绘了贵族男青年凯末尔与平民少女芙颂之间一段细腻、悲伤的爱情故事。凯末尔为了缅怀他和芙颂逝去的爱情，将芙颂专属的、触碰过的甚至相关的物品珍藏在一座名为"纯真"的博物馆中。2012年，与小说同名的博物馆在伊斯坦布尔街头正式对外开放。

　　《纯真博物馆》采用物品叙事手法，利用物品的排列形成故事的叙事线索。小说共有83章，每章围绕博物馆中的一件藏品展开叙述，读者可以在博物馆的展柜中找到顺序一一呼应的藏品，想象当你踏入博物馆后发现，小说第一章描绘的物品出现在第一号展柜中，第二章描绘的物品出现在第二号展柜中，而且博物馆叙事带给你的感受与你阅读小说时留下的印象有些微不同，物与词融汇的独特阅读感受在纯真博物馆中得到体验。例如，第一号展柜中刻有芙颂名字第一个字母的耳坠，在小说第一章中出现，象征着凯末尔"一生中最幸福的时刻"；玻璃镇纸、油画刷、圆筒红帽、茶杯等，在小说第三十五章"藏品的第一部分核心内容"中出现，它们都是芙颂曾经抚摸过、把玩过的东西，蕴含着凯末尔和别人"订婚后的悔恨和负罪感"；芙颂的驾照在小说第七十三章中出现，"这不仅意味着要通过驾照考试，我们之间的亲近也将通过一次考验"，代表了二人重逢后的时光。除了象征爱情的藏品，纯真博物馆中还展示了一部分象征伊斯坦布尔城市记忆的藏品。例如，"我在这里展出土耳其第一个果味汽水品牌梅尔泰姆在报上登的广告"，在小说第八章中出现，既表现出凯末尔的快乐和轻松，也代表了处于民族现代化进程中的充满新鲜感的土耳其；第十四号展柜中"展出的几个香烟盒、一个我从柜子里拿到卧室的屈塔希亚手绘烟缸、茶杯（芙颂的）、玻璃杯、讲故事时芙颂不时拿在手上生气地把玩的海螺壳"，对应着小说第十四章描绘的在伊斯坦布尔的街道、桥梁、陡坡和广场，"到处都是那些卑鄙·大叔、丑恶·先生和小胡子·狗屎·邻居黑暗的影子"，从个体的故事中看到了城市的历史痕迹。

纯真博物馆主要收藏了和芙颂相关的藏品，也展示了与伊斯坦布尔城市记忆相关的藏品，交织着个人的爱情回忆和民族的历史记忆。正如这座博物馆获得欧洲2014年度博物馆奖时的授奖词所言，"纯真博物馆为未来博物馆的发展开辟了一种新形式：规模精致小巧，讲述平凡个体的日常故事，保存独特的本土文化记忆。它以非凡的创意在博物馆领域树立了新典范"。

（本篇编写：林霖）

博物馆文创

随着博物馆的社会融入度日渐升高，人们对于博物馆及文物的关注度也不断提高。博物馆为了能够增加其影响力与社会传播度，设计、制作文创产品成为十分热门的选择。在文物原有的历史文化意义上，融入现代元素与创意，设计出独一无二的文创产品，一方面能够使博物馆更好地进行社会参与，另一方面也具有一定的商业价值。

文创产品的类型种类繁多，首饰、文具、日用品、衣服饰品、盲盒玩具等均有涉及，众多博物馆使出浑身解数，推出了别具一格、充满博物馆特色的文创产品。

一、敦煌博物馆

敦煌博物馆是弘扬敦煌文化、展示敦煌古代文明的重要平台，它的文创产品充分体现了敦煌文化的特点，主要包括文化衫、文具、帆布袋、丝巾、滑板等。敦煌博物馆结合壁画中的艺术元素，设计出不同种类的产品，赋予这些产品独有的敦煌特色，先后推出飞天系列、九色鹿系列、纹祥系列等。

再创敦煌系列的文件夹，是敦煌博物馆网络旗舰店最受欢迎的产品，绚丽的色彩与敦煌的祥云令人眼前一亮。飞天系列的滑板将金色的飞天与年轻人的滑板潮流相结合，设计出的滑板非常特别，充满个性又具有文化气息。

二、河南博物院

河南博物院是我国成立较早的博物馆，馆内以商周青铜器、历代陶瓷器、玉器及石刻最具特色。它的文创产品多以青铜器、瓷器、玉器等为灵感进行设计，最受欢迎的是玩具盲盒系列。河南博物院复刻了如杜岭方鼎、唐三彩等文物，以盲盒的形式出售，并配备洛阳铲等工具,让大众沉浸式地体验发掘、修复文物的乐趣。这类盲盒让儿童开阔了视野、增长了知识,也锻炼了他们的动手实践能力,是一种寓教于乐的产品。

玉器也是河南博物院的特色展品,文创产品中有一款特别的零食——玉佩糖果,做工惟妙惟肖,玉佩的纹路复刻得非常细致,看起来犹如真的玉佩。它是颇具特色的文创产品。

除了商业文创产品之外,河南博物院还以文创工作的展示、文创工作坊等多样化的形式,吸引社会大众的参与。

三、北京故宫博物院

北京故宫博物院(又称"故宫")不仅有绝无仅有的藏品,它本身也是世界上最大、保存最完整的木结构宫殿建筑群。故宫曾是明清两朝的皇宫,本身富含浓厚的中华民族文化,这在故宫的文创产品中得到了体现。

故宫将历史元素、艺术元素与传统文化习俗相结合,推出瑞启红福手绳、清明上河茗香茶具等极具中国文化特色的产品。这些产品不仅独具匠心,同时向大众宣传了中国传统文化。

除了常规的文创产品外，故宫还推出书刊。例如，以馆内藏品为素材，每年推出《故宫日历》，让大众能够把故宫"带回家"。故宫还将现代潮流元素融入，出版了《迷宫》系列，这类解谜游戏书能够把玩、互动。在新媒体文创方面，故宫推出输入法皮肤、手机APP、动画等文创产品。

故宫的文创产品不仅知名度较高，也发展得比较全面。其弘扬历史文化，融入当下社会，获得大众喜爱。

四、苏州博物馆

苏州博物馆从文化艺术、苏作技艺、苏式生活等多个方面，全面展示了吴地的悠久历史和特色工艺，它的文创产品设计灵感源于江南文化，设计上充满江南风情，非常有韵味和特色。

苏州博物馆以苏州园林风景为灵感设计的木质小夜灯，将江南迷人的美景装进相框，好看又实用。苏州博物馆还根据传统手工艺苏绣推出了苏绣DIY套装，让大众体验真丝刺绣的手工艺，不仅具有可玩性，也是一种向大众输出非遗文化的方式。

五、陕西历史博物馆

陕西是华夏文明重要发祥地之一，陕西历史博物馆馆藏以商周青铜器、历代陶俑等为主，在文创产品中也体现出这些元素。

与其他博物馆不同的是，陕西历史博物馆设计了独特的卡通人物——唐妞，并将这个卡通形象放入各类产品的设计中，让它们的文创具有关联性，也更加特别。例如，唐代仕女盲盒是陕西历史博物馆旗舰店销量最高的产品，它将唐代仕女形象与现代生活相结合，古代元素与现代元素互相碰撞，让这个系列的盲盒贴近大众生活，让唐代仕女的形象更加可爱。另外，帆布袋和古风宫廷扇与其他唐妞文创产品，也受到人们的欢迎。

（1）敦煌博物馆文创官网：http://www.dhbwg.org.cn/wenchuangzhanshi/；

（2）河南博物院文创官网：http://www.chnmus.net/sitesources/hnsbwy/page_pc/

wcfw/list1.html;

（3）故宫博物院文创官网：https://www.dpm.org.cn/Creative.html；

（4）苏州博物馆文创官网：https://www.szmuseum.com/ArtGoods/Index；

（5）陕西历史博物馆文创官网：https://www.sxhm.com/product.html。

（本篇编写：莫小欣）

博物馆餐厅

博物馆包罗万象，餐厅风味人间，两个看似毫无关联的场所却在上海市的一家博物馆餐厅碰撞出火花。这座"过去进行食：90年代记忆博物馆"由教室和宿舍组成,藏品包含黑板(黑板报)、老课本、磁带、名人名家海报、值日表、老式电脑等,成为嫁接个人记忆与集体记忆的场域(见彩图12)。

展区1:男女生宿舍(即餐厅包房)。入门右侧第一间包厢是男生宿舍,有满满一墙壁的球员海报,另有球衣和吉他。走近铁皮床,能看见墙上挂着排列整齐的磁带,诉说着男生青春躁动的心声;书桌上笨重的台式电脑和游戏手柄,让人感叹这样的老物件已是古董级别。运动、音乐、游戏的主题充斥男生宿舍。隔壁的女生宿舍截然不同,有满满一抽屉的言情小说,床边挂上了星星串绳。再定睛一看,墙壁上挂着一本大头贴,古早的自拍神器记录了女孩之间纯真的友谊;一旁还挂着小巧的电子宠物,从孵蛋到小鸡出生,90年代的女孩也喜欢养成系。宿舍里的物品元素都带有时代的印记,能够唤起人们尘封的记忆。

展区2:教室(即餐厅大堂)。从宿舍的回忆中抽离,伴随着电风扇发出的"呼呼"声,沉浸到教室的场景中,木质桌椅、流动红旗、班级奖状、录音机、三角尺……这些经典的教室元素令人一饱眼福。在教室后边长长的黑板上,写着经典的师生对话,如"整个年级就你们班最吵"、"因为其他班都放学了",直至今日依旧不过时。从学校淘来的旧木质桌椅满是真实的印记，桌上还刻有歌词、动漫人物等。

展品亮点：推门而入，正前方书架上的《十万个为什么》（20世纪80年代版）、《当代歌坛》、《向左走，向右走》、《天龙八部》这些当时人人传阅的书刊唤起青春的记忆。左侧墙壁挂着一块写有"学生宿舍纪律卫生评分表"的大黑板，走廊深处放着小霸王游戏机……

博物馆餐厅偶尔会开设小而巧的"特展"，如夏季举办"全国各地饮料展"，上海正广和、北京北冰洋、天津山海关、东北八王寺、西安冰峰等饮料齐聚于此。博物馆餐厅的菜单是一张入学摸底考试卷，题型有单选题、多选题等，选择项即为菜品，包括脸盆装牛肉、铁皮盒蛋炒饭等，还有在20世纪90年代风靡一时的麦乳精、健力宝等。

（本篇编写：林霖）

博物馆社交媒体

网络时代的博物馆具有超连通的特点，其内容生成与表达呈现新样式，不仅发展了博物馆内容新用户，而且将内容生成队伍扩展到用户群体，尤其是在新冠肺炎疫情防控期间，线上看展、亲近文物、文博科普，正成为一种新风尚。

一方面，博物馆愈加重视通过社交媒体平台与公众进行交流与互动，积极主动地发布内容以吸引潜在观众。抖音发布的 2022 博物馆数据报告显示，截至 2022 年 5 月，全国三级以上博物馆的抖音内容覆盖率已达 98.64%，2022 年 5 月之前一年时间抖音上与博物馆相关的视频数量同比增加 70%。拿北京故宫博物院来说，2020 年清明期间在抖音首次开直播，吸引了近千万网友跟随抖音直播的镜头，足不出户"漫步"故宫，在相关人员带领下，从另一种视角云游故宫；在 2022 年国际博物馆日，北京故宫博物院官方抖音账号推出"抖来云逛馆"系列科普短视频，内容涵盖历史、陶瓷、钟表、服饰、珍宝、建筑和展览等主题，获得了1.7亿次播放量，其他相关视频也被抖音网友点赞超过1.3亿次。另外，在社交媒体的助力下，一些小众博物馆跃入大众视野，如茂陵博物馆、镇沅博物馆、荆州博物馆、磁州窑博物馆、自贡恐龙博物馆等，这样既提高了博物馆知名度，也满足了公众多样化的文化需求。

另一方面，公众愈加关注博物馆。根据抖音发布的2022博物馆数据报告，博物馆相关视频点赞量超过12亿次，播放量超过394亿次，相当于全国博物馆一年接待观众人次的72倍，这足以显示公众学习历史、亲近文物的热情高涨。报告显示，"00后"成为最喜爱观看博物馆视频的群体。除了观看博物馆视频的公众，还有一些加入内容生成队伍的群体或个人。例如，短视频平台上涌现出一批优质的博物馆讲解创作者，他们深入浅出地为网友进行文博科普。2020年9月，浙江大学考古系在读博士生"水星"在抖音上创建了"水星逛博物馆"抖音号，以专业的视角沉浸式探秘印山大墓、秦王地宫、火坑墓等，获得超过6亿次的播放量，这样有趣用心的文博科普内容受到大家的喜爱。"@意公子"是抖音"国宝很有戏"系列视频的主讲人,她讲述了故宫博物院的《千里江山图》、南京博物院的竹林七贤石砖、湖南省博物馆的辛追夫人等国宝文物,受到全网观众的广泛关注和一致好评。

博物馆基于社交媒体的互动拉近了博物馆与公众的距离,更重要的是,这种互动形式提供了新的、直接的了解公众的路径。当然,需要提防快餐文化中庸俗的低级趣味与功利主义,如此才能让博物馆事业健康发展。

(本篇编写:林霖)

图1（见正文P4）
牛津大学阿什莫林博物馆

图2（见正文P9）
卢浮宫

图3（见正文P11）
大都会艺术博物馆

图4(见正文P37)
尤卡坦半岛
奇琴伊察古城遗址

图5(见正文P46)
上海体育学院中国武术博物馆

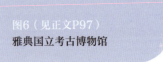

图6(见正文P97)
雅典国立考古博物馆

图7（见正文P123）
福尔摩斯博物馆

图8（见正文P137）
澳门沙梨头更馆

图9（见正文P139）
奥赛美术馆

图10（见正文P143）
塞尚故居

图11（见正文P143）
梵高咖啡馆
与梵高的画作
《阿尔勒医院的庭院》

图12（见正文P163）
博物馆餐厅